おいでよ、小豆島。

平野公子と島民のみなさん

晶文社

写真：浦中ひとみ
挿絵：木村さくら（一〇、一五一ページ）
デザイン・挿絵：鈴木壮一

おいでよ、小豆島。

目次

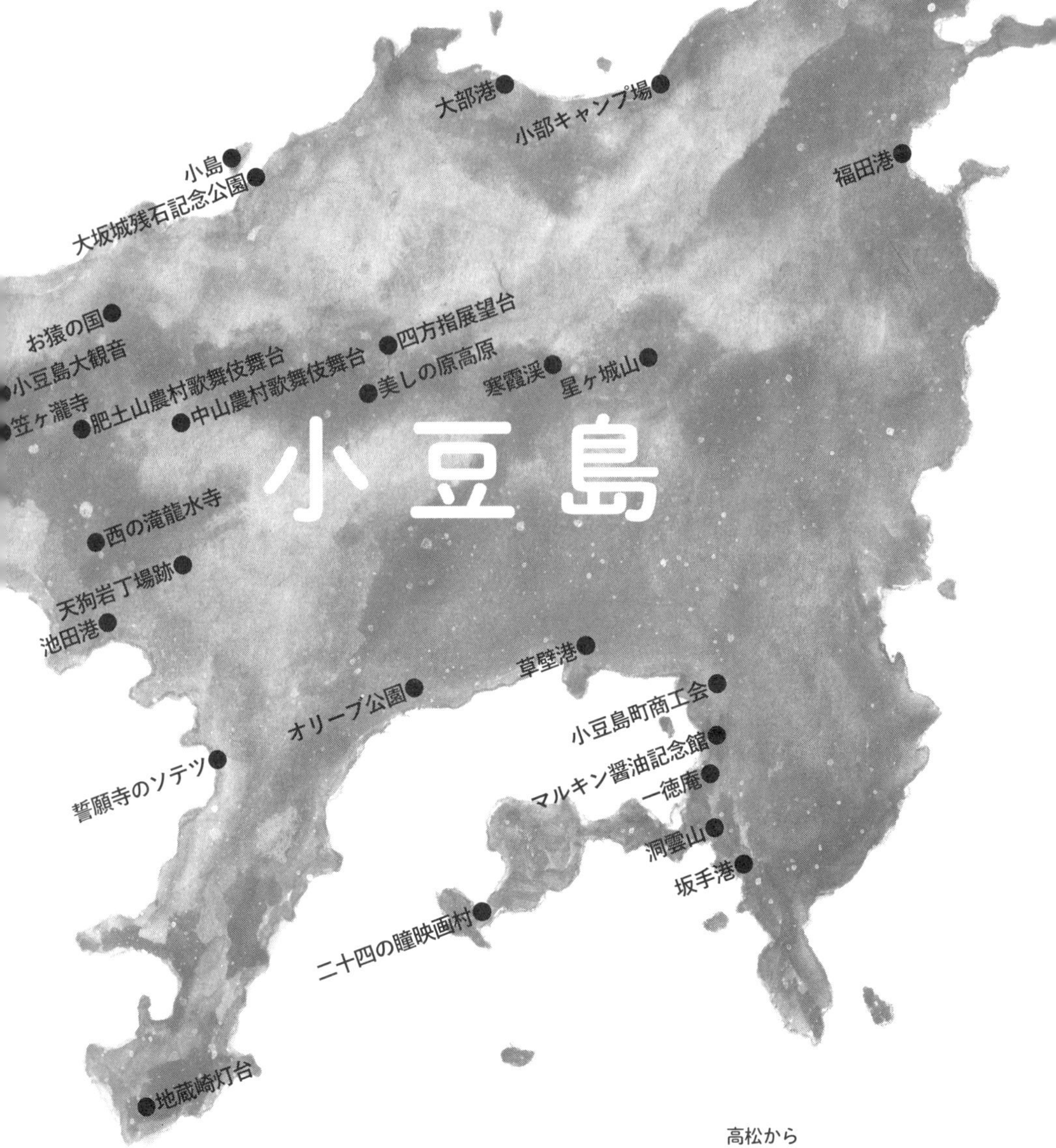

フェリー乗り場 電話番号リスト

神戸から

●姫路・姫路港⇄小豆島・福田港
小豆島急行フェリー
姫路港のりば　０７９－２３４－７１００
福田港のりば　０８７９－８４－２２２０

●神戸港・第三突堤⇄小豆島・坂手港
小豆島ジャンボフェリー
神戸港のりば　０７８－３２７－３３２２
坂手港のりば　０８７９－８２－２２２２

岡山から

●岡山・日生港⇄小豆島・大部港
瀬戸内観光汽船
日生港のりば　０８６９－７２－０６９８
大部港のりば　０８７９－６７－２３３１

●岡山・新岡山港⇄小豆島・土庄港
両備フェリー
新岡山港のりば　０８６－２７４－１２２２
土庄港のりば　０８７９－６２－０８７５

高松から

●高松・高松港⇄小豆島・土庄港
四国フェリー
高松港のりば　０８７－８２２－４３８３
土庄港のりば　０８７９－６２－０８７５

●高松・高松港⇄小豆島・草壁港
内海フェリー
高松港のりば　０８７９－８２－１０８０
草壁港のりば　同上

●高松・高松港⇄小豆島・池田港
国際フェリー
高松港のりば　０８７９－７５－０４０５
池田港のりば　同上

アクセスとインフォメーション

小豆島の地図

豊島《てしま》、小豊島《おでじま》、沖之島、余島《よしま》、小島、無人島、小豆島《しょうどしま》をまとめて小豆郡《しょうずぐん》といいます。小豆島はその中で一番大きな島です。小豆島から豊島へはフェリー、周りの小さな島へは渡し船で渡ります。人口約３万人。

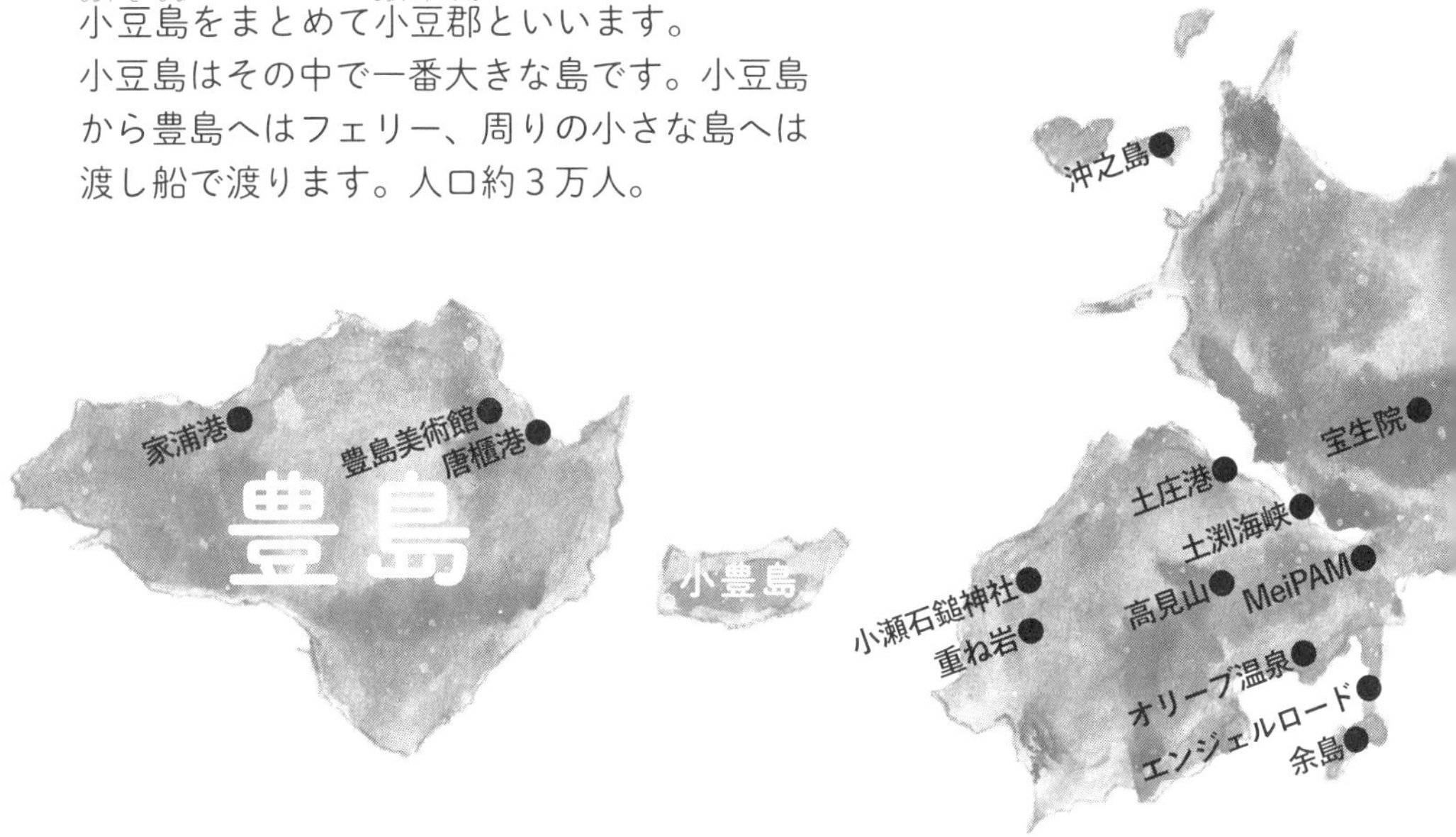

小豆島へ渡るには、新幹線（岡山／姫路／神戸着）、飛行機（高松着）、高速バス（大阪／岡山／高松着）、寝台車（高松着）から島まではフェリーor高速艇に乗ります。交通費は予約する時期によってかなりの差がありますので、ネットで検索をお勧めします。

島内の移動にはバス、レンタカー、レンタサイクル、タクシーをご利用ください。各港に利用表があります。

●小豆島観光協会
０８７９－８２－１７７５

●小豆島町役場
www.town.shodoshima.lg.jp

●土庄町役場
www.town.tonosho.kagawa.jp

はじめに

おいでよ、小豆島。

平野公子

一九四五年東京大空襲末期に都心ド真ん中で生まれ、そのまま敗戦後の下町で育ち、焼け野原の世は覚えていないが、しっかり目にしてきた神武景気に沸きたつ町内、以来下町にも洋風生活がおしよせてきた。

テレビの出現もケネディ暗殺も東京オリンピックもビートルズ来日もアングラ時代もバブル時代も（……後略）、おそらく東京の戦後繁栄と停滞を身を以てまるごと遭遇してしまったのが七〇歳の私ではあるまいか。

二〇一一年三月一一日東北地方太平洋沖地震発生、私はあの大震災の時に地下鉄のなかにいた。われ先に長い階段を駆けあがるビジネスマンたちを下から眺めながらようやく地上に出た。まだグラグラゆれる地面に立ち尽くし、尋常ではない事態に、何処かで大変なことが起こっている、と確信した。それから人であふれかえる大通りをさけ、路地から路地をゆっくりと家まで歩いて帰ったのだったが、事態は想像をはるかに超えていた。

いま、ここではなぜに小豆島に移住したのかを思い起こしている。つまりこうだった。その後の東京の慌てぶりと我がままに心底ウンザリしてしまったのだ。帰宅難民などという腰抜けの言葉がメディアで叫ばれ、絆という言葉がフワフワ宙を舞い、つまりは東京をまず守らなければという一点があったのは確かだ。イヤダイヤダ東京は曲がっている。我が生まれ故郷はなんと情けない。これが発端の感情であったと、今にして思う。

一度芽生えた東京嫌いはさらに強まり、地方へ移動しよう、地方にこれといった地縁なし知人なしなのだがなんとかなるだろう。東京以外なら都市部でなかったらほんとうはどこでもよかった。うんと遠くがいい、もう一度まっさらにやり直したい。何を？　私は何をやり直したかったのだろう。いてもたってもいられない、そんな日々だったことは確か。

さらに二年経ち具体的に移住のイメージを持ち始めた。できれば南方で島がいい、東京にめったに戻れない、そんなところがいい。それで地図を睨んで突然小豆島に渡ることになったといえば、あまりにも唐突だろうか。もちろんそれなりの下調べをしてから、移住先の家探しに、ひとりで小豆島に来たのが二〇一三年の夏と秋と冬。雨の日もあれば風の強い日もあった。なあんにもないところだと思った。なのに、この島で老人夫婦が暮らしていけるのだろうか、という心配をまったくしなかったのだから不思議だ。島に滞在中は人と話すこともなくバスを四〇分待つ間もポツンとひとりだった。だが、この静かで愛想のない島になぜか惹かれ、フェリーで帰るときには離れるのがさびしい気さえしたのだった。それでなんと四度目の島歩きのあと、今度は夫を連れて、あらかじめ仮約束していた借家を訪ねた。そしてその場で移住も家も決めてしまった。年齢を考えれば、移住というより移民という名のほうがふさわしい跳び方だったのだ。

東京から引越したその日に、島の若者がワラワラと手伝いにきてくれ、そのあともつぎつぎと移住組、ネイティブ、ひとりもの、夫婦者と来客が絶えない。お惣菜をもってきてくれたり、家の中を片付けてくれたり、みな面構えヨロシイ。なかには何か一緒にやりましょう、という若者まで現れた。だからといってベタベタおせっかいではない、実に人との距離の取り方が絶妙なのだ。ありがたい。なんだか、子どもの頃に近所にいた働き者で親切なおじさんおばさんたちに再会したような気がしてきた。年齢は逆だけど。

おかしな生活が始った。自分でも笑ってしまうほどの環境の変化だった。夜は真っ暗のため外に出ることがない。朝は早くから鳥がなく、鹿がなく、見渡せば周辺は山だ。遠く光る海がみえるではないか。おまけに家の周りの畑には収穫すればすぐに食べられる野菜、もぎれば美味しい果実も実っている。どこへも行けなくとも飽きそうにない。そうかそうか、これはリスタートするには、私にとって申し分のない場所になるのかもしれない。

移住してはや二年、車を持たず徒歩とバス派の私は島の半分もまだ歩けていない、島について知らないことがまだやまほどある。お目にかかったことのないかたもたくさんおられる。それを承知のうえで、メディアに載る美しすぎる小豆島ではない、私が島で知り合った若者たちと一緒に綴る小豆島の等身大を記しておきたくて本書を編纂しました。島には自然とともに暮らす力のある若者がたくさんいる、これは私にとって思いがけない発見でした。

旅行のハンドブックには足りず、読み物としてもバラバラ感は否めません。が、このような地元民製の本が地域に一冊はあってもいいのではないかと思いつつ作りました。楽しんでいただければ幸いです。

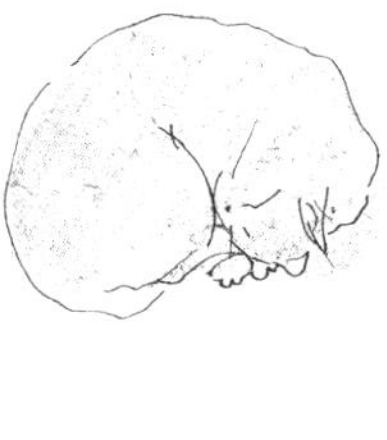

I

小豆島はどんなところだろう

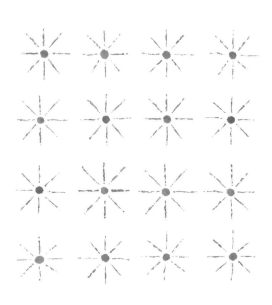

面積一六九・九六㎢、人口は約三万人、行政区分は香川県小豆郡小豆島町／土庄《とのしょう》町《ちょう》の二町で、豊島は土庄町になります。

日本三大渓谷の一つ寒霞渓《かんかけい》は瀬戸内海国立公園、国の名勝に指定されていますが、他にも二十四の瞳映画村、小豆島八十八ヶ所霊場、オリーブ公園など年間一〇〇万人を超える観光客が訪れています。一〇〇万人を超える数は、小豆島が島であることを考えると大変な数字です。

島へ行くにも島を出るにも、必ず船に乗る。六カ所あるどこかの港を利用することになり、島に住むことの一番の特徴は実はこの点にあります。海に囲まれている事実。瀬戸内海の内湾は穏やかですが時には波高し、風強し、濃霧たちこめ、そのときにはフェリーは突然欠航です。そのためなのか海に囲まれた島には、昔から島の中だけでまかなっていく自給自足力と、外界へのあくなき憧れと冒険心をあわせもつ気風が育まれたのではないでしょうか。

移住しました

内澤旬子

運転再開

東京から小豆島に引っ越して一〇カ月になります。日々忙しく暮らしています。来てみて意外だったこと、面白いなと思ったことをいくつか書きます。

まずは自動車の運転事情から。

自動車免許を取ったのは今から二七年前。ただひたすら怒鳴られ、なかなか先に進むことができず、免許を取ったときには「これでもう車に乗らなくて済む」と思ったくらい。それでもすぐに乗ったほうがいいと説得され、渋々実家の自動車を運転したものの、怖くてスピードが出せず、上り坂のトンネルの中でトラックに追い越され、同乗していた父親にこれまた激しく怒鳴られ、二度と車は運転すまいと決意。

これがコンプレックスとなり、ドライビングセンスは皆無であると、思い込んで生きてきた。地方に住みたくても、車の運転ができないから無理だと、長らく諦めていた。

そんなある日。地方に移り住んだある作家とお話しする機会があった。彼女も運転技術がかなり怪しい様子なのに、そこになんの問題も感じておられない。そんなものかと開眼。

二〇〇九年に千葉県旭市で養豚取材をするために、半年間暮らすことを決め、ペーパードライバー教習に通った。旭市では半年間運転し、自爆事故を起こしたけれども、怪我はなし。私と似たようなレベルでも平然と運転している人たちにもたくさん出会った。地方で車に乗る生活、なんとかなるだろうと思えてきたところで、小豆島に移住である。

小豆島での運転はというと。はじめのうちはもちろん怖くて怖くて、一カ月くらいは運転すると全身が凝って、さらに上腕が筋肉痛になるという事態。それでも旭市での運転よりは、とっても簡単だ。

まず大規模な交差点がない。それから道を走っている車が少なく、どういうわけか道の脇にUターンできるスペースが頻繁にあるので、間違えたら気軽に戻ることができる。旭市ではUターンできなくて、謎の道を曲がって直進するうちに田んぼのあぜ道のど真ん中で往生することばっかりだった。それとドライバーのみなさんがとっても優しい。ノロノロ運転をしていても、出口で往生しても、煽られたりクラクションを鳴らされたことは一度もない。本当にありがたく、心から感謝している。

島の中でも通勤時間帯などは、国道の一部でちょっぴり渋滞が起きる。寒霞渓の紅葉シーズンの休日には、寒霞渓方面から土庄港まで大渋滞となっていて驚いた。

住宅街の中は、道が狭くて古い路地が曲がりくねっているので注意が必要である。路地の中に行くときは、手前のわかりやすいところに駐車して歩いていくようにしている。一度、真砂喜之助《まさごきのすけ》製麺所に車で出かけてどうにもならなくなり、真砂さんに運転してもらって車を路地のどん詰まりから出していただいたことがある。今なら大丈夫かもと思いつつ、いまだに路地の名店、真砂喜之助製麺所、およびヤマロク醤油まで行くことができないでいる。今年の課題目標か。

また、道がわからなくなったとしても、島の中であるという安心感は大きい。小豆島は海岸線を車で一周するのにほぼ一日かかるのだが、ともかくまっすぐ走っていれば、いつかはぐるっと回ってもとに戻る。山間部で迷ったら下りつづけていけば、いつかは海に辿り着く。はっと気がついたら茨城との県境に来ていた、なぜ?? などということもない。これまで家に帰れなかったことは一度もない。島でよかったと心の底から思う。

難点を挙げるとすれば、駐車スペースが狭い（私のレベルでの話）ところが多いこと。店舗や公共機関に行くときは駐車スペースはたっぷりゆったりで安心なのだけど、個人宅はそうはいかない。たまたまなのかもしれないけれど、空き家バンク（P31参照）で回った賃貸物件の中で、駐車場がスカッと簡単なところはほとんどなく、涙がでるほど難しい、狭い坂道ばかり。

私が実際に借りた家の駐車スペースも例外ではない。愛車の前後左右につけた擦り傷のほとんどは、我が家での駐車の失敗。自分の家の敷地に車をおさめるのが一番難しい。それでも最近それなりにはできるようにはなった。こんな歳でもグルグル走り、帰るたびに駐車に唸り続けているうちに、なんとかなるもので、ちょっとうれしい。

難点その二は、山間部が多いので坂とヘアピンカーブが多いこと。すれ違えない場所もある。しかもそういう場所は普段あまり車が通らないため、スピードを落とさないで走っている車も、たまにある。けれども首都高の入口出口やインターチェンジの怖さに比べたら、怖いうちに入らない。

すこし話はずれるけれども、軒下で飼っているヤギのカヨは、車に乗ってのお出かけが大好き。後部のドアを開けると自発的に飛び乗る。カヨの好きそうな草や木が生えている場所に連れていっては、食べさせたりするのがものすごく楽しい。横の草地に繋いでおいて、カフェでコーヒータイム、なんてこともできる。まさかヤギとドライブができるなんて、移住するまでは考えてもみなかったのだけれど。

そろそろ島の外にも出かけてみようかと、考えている。いずれはアメリカも走ってみたい。どちらも田舎限定で。もちろん島の中にも行ったことがない場所がたくさんあるので、すこしずつ挑戦するつもり。

フェリー事情

どうしても島に住みたい、と思っていたわけではないのだが、もともと島は漠然と好き。ただし、あまりにも本土と離れ隔たってしまうと、暮らしていく自信が持てない程度に軟弱でもあり。

小豆島を訪ねてみて驚いたのは、島なのだけど、ポツンと離れているという感じがしないということ。海を眺めれば、どこかに島影があり、フェリーや漁船が行き来しているのが見える。そりゃ瀬戸内海の中だから、当然なのだけど、実際にフェリーや、瀬戸大橋を通るマリンライナーに乗っていても、かならず島影か本土が見える。

たとえば瀬戸内海に似ていると言われる地中海。イタリアのヴェネツィアからフェリーに乗って、エジプトのアレキサンドリアまで。途中では見渡す限り青い海、という状態になる。四方を海に囲まれたときの恐怖と解放感。楽しいけれど、怖い。これまで利用したフェリーのほとんどが、そんなに長くなくても、海に囲まれるひとときがあったと思う。それなのに高松から小豆島に行くフェリーときたら、まるで島づたいに進んでいるのかと思うくらい。いまここでフェリーが座礁しても、なんとかどこかの陸地に泳ぎ着けそうな気がする近さ。孤絶感が圧倒的に少ない。

しかも小豆島には港がたくさんある。高松だけでなく、神戸、姫路、岡山行きのフェリーや高速艇もある。数えたら高松に行く便だけで一日五〇本近くあった。これに神戸や岡山などを加えると、一日何便の船が島から出て行き入ってくるのか。高松へ通勤通学している人も多くて、朝のフェリーは学生さんが三人掛けの席に寝そべっていることも多い。

島に来るフェリーは週に一便だけ、という絶海の孤島とは全然違う。それに瀬戸内海はほとんど波がないために、普段はザザーンという波音もないくらい。日本海の波の高さから比べたら、湖に毛が生えたくらいにしか思えない。

ところが住んでみると、やっぱり島は島なのであった。フェリーも高速艇も、悪天候になると欠航する。台風は予想の範囲内だった。けれども、それだけではなくて、濃霧でも欠航することがわかった。春の午前中に多いらしく、三月は出張と重なって、大変なことになった。幸運なことに濃霧の発生先が高松近辺で、高松発の飛行機も遅れてくれたので、航空券を無駄にせず、その日のうちに東京に着くことはできた。しかし土庄港で待ち続けているあいだの心細さといったら。いつ出航するのかの確証がとれずに他の乗客とともにフェリーと高速艇の待合室や土産物屋の喫茶コーナーなどを右往左往。「島に閉じ込められてる感じ」をはじめて味わった。

　しかしだいたいは問題なく発着していると思う。ただ、使ってみてはじめてわかってきたのは、選択肢はたくさんあるようでいて、そうでもないということ。行きと帰りの港を同じにしなければならないからだ。港まで誰かに送ってもらい、迎えに来てもらう人はどこからどう出入りしてもいいのだが、自分の車で港まで行き、駐車場に停めて島の外に出るならば、同じ港に戻らないと、港から港までの移動手段がバスかタクシーとなってしまう。バスは本数が少ないし、タクシーならば数千円単位で飛んでしまう。それと高松空港に行く場合は、リムジンバスとのアクセスがそれほど良くない。そして一番便数が多い土庄港は、駐車場が有料なので、長い期間の出張には向かない。結局気が付くと同じ港の同じ便ばかり利用しているような気もする。

　で、乗り心地はというと、高速艇は早くつくけれど少々揺れて、バスに乗っているような感じなのに対して、フェリーはゆっくりだが楽しい。フェリー会社によっては子どものための部屋があったり、ごろ寝できるスペースがあったり、勉強するためのライトつきの机があったり。そうそうゲーム機もあるか。やってみたことないけど。それにどのフェリーも食堂と売店があってうどんを食べたりコーヒーを飲んだりとちょっとした旅気分を味わえる。坂手港《さかてこう》からのジャンボフェリーは神戸に行くため移動時間も長く、個室もあると聞いたけれど、まだ利用したことはない。

　車ごとフェリーに乗ったのは、これまでで二回だけ、一度は引っ越しのときに神戸からジャンボフェリーで坂手港まで、二度目はつい先日、岡山の山羊牧場にヤギのカヨを交配に連れて行くのに土庄港と新岡山港を往復した。着岸前に車に乗りこみ待機して、フェリーの出口が開き、すこしずつ港が見えて明るくなってくると、気持ちが昂《たかぶ》る。前に進まなければと、背を押される感じが、たまらなく好きだ。小豆島に住んでいるのに、ずっと旅をし続けているような気がする瞬間。

飲み屋はないけど

生まれて幼稚園までは横浜市日吉の公団、それから鎌倉の新興住宅地に移り、大人になってからは東中野、横浜六角橋、三ツ沢下町、そして西日暮里、千駄木、本駒込に住んできた。郊外と都会ばかりだ。

郊外に住んだときは家の近辺は一軒家ばかりで、なにかを買うのには一〇分以上歩くか、バスに乗るか。バスに乗れば駅前に大きめのスーパーと商店と飲食店があって、食品以外の雑貨も衣類も、えり好みしなければ、一応なんでも揃う。そういう暮らし。バスの終了時間を気にしなければならないから、東京での大学生生活はだいたい九時で終了。憤懣《ふんまん》やるかたなかった。横浜六角橋は、留守番として入居したので自分から選んだわけではない。丘の上みたいな地形だったため、駅からの道のりはずっと上り坂で、かなり骨が折れた。バスを使うことが多かった。ただし家は木造の大きな家で、庭もあり、ゆったりと暮らすことができてとても楽しかった。

東京での生活は、だからバスに乗らなくてもいいところにした。駅からバスに乗らずに地下鉄にもＪＲにもすぐに乗れてしまうのは、革命的だった。が、住宅地には決定的に緑がなくて、区画も細かかった。緑と言えば墓地とか大学とか公園。路地の良さはあるものの、家も息が詰まるほど狭い。

なにより不便だと感じたのは、スーパーがそばにないこと。郊外育ちにとって、ジャスコとかダイエーとか西友がないと、なんとなく不安になるのだこれが。食料品だけ売っているところはあったが、それ以外の生活雑貨が買えない。下着や部屋着を買うのにわざわざ上野か池袋に行かねばならない。たかだか靴下を買うのに大混雑の人ごみの中を歩くなんて。その後ユニクロや無印良品のネット通販が普及して、楽天でちょっとした台所雑貨なども買えるようになって、不満は霧散したのだけれど。

千葉県旭市に取材のため半年間滞在したときに、とにかく驚かされ、骨抜きにされたのは、カインズホームというホームセンター。巨大すぎて、はじめのうちは酩酊状態に陥った。そもそも文京区あたりに住んでいると、体育館より広いところなんてないし。あ、東京ドームがあるけど人が一杯でどうにもならないし。

どうやら田舎や郊外の人々は、東京人よりもずっととんでもない数の商品を手に取って選べる環境にいるらしい。カインズホームは中国製の安いものが多かったが、IKEAとかコストコとかいうセンスもよろしげで安くてステキなものが大量に売ってるところに車で通うらしい。一〇〇円ショップも、田舎の県道筋には巨大なのが建っていて、品物選び放題。本駒込の一〇〇円ショップなんて、六畳くらいの極小空間だよ？いいなあ。

だからといって、幹線道路沿いに、平屋のチェーン店がドカドカ建ってて、巨大なパチンコ屋が乱立してて、もうちょっと車で走ればイオンモールに行けて、駅前が寂れてシャッター商店街になっているような、典型的な現代の日本の地方が好きかと言われると、困ってしまう。便利なのはわかるし、あれば利用したいのだけど、毎日そんな景色を見るのは、萎える。

小豆島に来てすぐにいいなあと思えたのは、そういう場所が広がっていないこと。地方を訪ねるたびにげんなりする風景が、ない。ホームセンターも、イオン系の大きなスーパーもあるにはあるけれど、比較的小さめで、かといって都会のそれらよりは大きくて、土庄町にちょこんと固まっている。高層ビルもない。ほとんどが山と畑と、古い家並みなど。新しい建物もあるけれど、島の風景を邪魔するものは、少ない。

ちょうどいいのだ。私にとって。お店は小さすぎず、大きすぎなくて、風景を損なうほど多くはない。昔ながらの小さな商店だってある。路地のようなちまちました場所もあるかと思えばスカッと海が広がる絶景にもすぐアクセスできる。いや、自宅からすでに海がドーンと見えるし。ストレスを感じることがほとんどない。

車の運転は慣れるまでに大変だったけれど、何かを買うのに人ごみをかき分ける必要はなくなったし、自宅から土庄のホームセンターまで二〇分くらいで行ってしまう。その間の道も、通行量が多いわけでもなく、難しい交差点もない。楽ちんなことばかり。島で買えないものは、ネットで買えばいいし、もともと都内にいるときから利用しているから慣れてもいる。

唯一不便さを感じることがあるとすれば、飲み屋に歩いていけないことか。旭市は飲み屋が異様に多いところで、豚が飼えるくらい街の中心部から外れたところに住んでいたのに、徒歩で行ける飲み屋が五軒はあったのだった。田んぼの中にプレハブのスナックがあるのだから。あれだけは素晴らしかった（もしかすると全国的にも珍しいところかと）。ちなみに私が住んでいたところも元居酒屋の廃屋で、今はスナックになっている。

島には代行タクシーもないし、飲みにいこうと思うと土庄東港《とのしょうひがしこう》の盛り場が遠く思える。帰りはお店の人が送ってくれるのだが。しかしそもそも四〇まで飲めなかった私である。酒と景色景観どちらを選ぶかと言われたら、そりゃあ迷いもなく景色景観なのであるからして、それほど不満はない。飲みたくなるころには東京出張が入るか、東京からのお客さんが来るので、家で宴会かというスタイルに落ち着きつつある。あとは飲まないお友達の車に乗っけてもらって誰かの家での宴会に行くとか……。

そもそも海を見たり山を歩いたりヤギと遊んだりしていると、大抵の嫌なことは脳から流れ出てしまうので、以前よりは飲みたい気持ちも減りつつあるようで。

ヤギと暮らせば

東京を出たかった理由はいくつかある。狭くてうるさいところが苦手になり、一度でいいから静かで広い場所で暮らしたいと思い始めたことは大きかった。

そうして縁あって小豆島の、一人で住むには大きな一軒家に落ち着くことができた。海も山も近くて景色も最高。周囲のご近所ともほどよく離れている。この極楽御殿の落とし穴はたったひとつ。ほどよく近隣との距離を保つエリアに生える雑草たちであった。草地それぞれには所有者がいて、所有者から管理をまかされている方がいて、後期高齢者の方々が、草刈り機をフル稼働させているのであった。

この音が……大変申し訳ないのだが、苦手であった。朝早くから突然はじまるのにも驚いた。そりゃ気温が上がる前にかたづけたいからなのだが。

少しでも離れた場所ならいいのだが、家の直近となると、かなりの音となる。動かしている方もお疲れなのではと思う。

なんとかできないかと考えた結果、ヤギを飼うことにした。ヤギに食べさせると言えば草を刈らなくなるはず。そう思っていろいろ探した末に、やってきたのは沖縄産の雌のシバヤギ。カヨと名付けた。

これが……雑草を食べさせ、静かな生活を保つという意味では、大誤算。まず、ヤギは孤独に強いと聞いていたのに、ものすごく寂しがり屋さんで、メエメエメエと鳴いては私を呼びつける。赤子の夜泣きと一緒で、何か不満があって鳴くのか、それとも単に淋しいのかが分からない新米飼い主は、右往左往するばかり。

ヤギの鳴き声も、いろいろあるのだが、はじめの頃はあきらかに夜泣きレベルの音量で鳴いていた。さすがにご近所に申し訳なくて、あれこれと必死に世話を焼く。そのうちにだんだんと慣れていき、一日中鳴くことはなくなり、だいたい何が言いたいのかの見当がつくようになってきたころには、手厚く世話されなければ気が済まない、女王様なヤギになってしまった。

草も、先っぽの美味しい部分だけつまんだら、別の場所に移してちょうだいと鳴く。無視して放っておくと鳴き声が大きくなる。さらに放っておけば、草の真ん中くらいまでは食べるのだが、うるささに根負けして場所を移すので、どこの草地もいつまでもフサフサしているという具合で、とうとう手で草を刈る始末。

しかしカヨにはコミュニケーションツールとしての思わぬ効果もあった。朝は遅くても七時には起きるようになり、糞の掃除をしたり、草地に繋いだりするうちに、集落の人と話す機会が増えたのだ。朝はちょうど高齢者の方々の散歩タイムでもある。

カヨはわがままなくせに愛嬌があるためか、みなさんに話しかけられ、可愛がってもらえている。頭突きもするというのに、ありがたいことである。冬場の草がすくないころには、野菜の葉クズを持ってきてくださったり、伐採したオリーブの枝やみかんの枝を持ってきてくださったり。わざわざ離れた集落からカヨを見にくるおじいさんもいる。

たしかにヤギには犬や猫と違った可愛さがある。正面から愛想をふりまいたりはしないのであるが、二人きりで、気が向いたときに驚くほど甘えてくるのである。

昔は干して牛に食べさせたものだと言われて、集落のサツマイモ畑を回って蔓《つる》をネコ（手押し車）で集め、枯れ木に巻き付けて干しまくったし、それでも足りなくなるかもと、牛用の干し草を買うために、北部の滝宮《たきのみや》まで車を走らせ、小豆島オリーブ牛を作った石井正樹さんにもお目にかかることができた。

基本的に出不精にして人見知りな私だが、カヨのことになると、島の各地に出向くのだった。カヨが自動車に乗るのを好むため、バンの後ろに乗せて、ヤギの母娘がいるコスモイン有機園に連れていったり、イズライフのオリーブ農園のオリーブ摘みを手伝ったり、ポンカフェに連れていったり、豚の放牧農場に連れていったり。各地に出没させている。新しい場所に私と一緒に出掛け、いろんな人に囲まれながら、雑草を食べるのを、どう見てもカヨ自身が好んでいるようなのだ。嫌だったらまず車に飛び乗らないだろう。ただし私がすこしでもカヨから離れると、メエメエと鳴き叫ぶのだが。

そんなわけで島の人たちに私はヤギを飼っている変な(暇な?)おばさんだと思われているはずだ。会う人にカヨの話ばかりしているし。自分の書いた本の話をするのが苦手なのでちょうどいいということもある。

カヨが来てからもうひとつ、大きく変わったのは、植物に対する視線だ。これまでも植物は嫌いではなかったのだが、雑草、野菜、樹木と、カヨが好きか、うんと好きか、それともたまに食べるくらいか、まったく手をださないかを、見た瞬間に考えるようになってしまった。カヨが口をつけない雑草は、容赦なく抜く。「ここ、美味しそうな草が生えてる」と、自分が食べるわけでもないのに言ってしまう。重症だ。盛りの過ぎた雑草には、カヨは見向きもしない。寒い時期はマツヨイグサをがっついていたのに、いまではまるっきり無視だ。しかし冬なお緑なす貴重な雑草なので、家の周りに生やしている。いつか年間のカヨの食用樹木雑草カレンダーを作ってみたいと思う。

東京などに出張するときは、塩屋波花堂の蒲夫妻の家にカヨを預けて行く。蒲さんはカヨの扱いが上手く、甘やかさずにきちんと蒲さんの家の周りの雑草をかたづけさせているようで敬服している。私の狩猟の若師匠でもあるが、さすがの動物さばきなのだった。感謝の気持ちで一杯である。

東京から戻ってカヨを迎えにいくと、車の色でわかるのか、車を降りる頃には全身を絞るように鳴き叫び、早く家に帰ろうと言うのだった。なんというか、もっとクールな使役関係でいたかったのだが。

　こうして原稿を書いている今も、繋いだ場所に飽きてきたと思われる、間延びした鳴き声が聞こえる。かまってちょうだいの合図だ。たぶん散歩にも行きたいのだろう。だけど切羽詰ってはいない。まだ大丈夫。あともうすこし、そこの草を食べてなさい、カヨ……。

内澤旬子（うちざわ・じゅんこ）
一九六七年神奈川県生まれ。文筆業、イラストレーター。二〇一四年小豆島に移住。著書に『身体のいいなり』朝日新聞出版、『捨てる女』本の雑誌社、『飼い喰い 三匹の豚と私』岩波書店など。朝日新聞出版より移住体験エッセイを刊行予定。

小豆島あちこちダイアリー 01

2015年11月23日 「レモン畑」（豊島－唐《から》櫃《と》岡《おか》）
見晴らしのよい場所にある無農薬のレモン畑。あたりはレモンの香りがほのかにしている。

島自慢

山本貴道

島の海

「海の上に座る」、カヤックという小さな舟に乗り海に浮かぶと、いつもそんな不思議な感覚になる。目を閉じると聞こえてくるのは波の音と鳥のさえずり。爽やかな潮風が頬を撫でていく。カヤックは一漕ぎ一漕ぎ海の上を滑るように進む。歩くよりも少し速いスピードはまるで風景のほうがゆっくりと動いているような錯覚に陥る。ゆったりとした波間にはクラゲが浮かび、目の前をうれしそうに何度も魚が跳ねている。

　小豆島の海のことを知りたければカヤックに乗って島を一周するといい。小豆島は牛が横を向いたような入り組んだ形をしており、東西南北それぞれに美しい風景が広がっている。

　南の海は穏やか。午後になると海から島へさわさわと風が吹きはじめ、さざ波がキラキラと輝きはじめる。対岸には四国の山並みが見え、その手前をタンカーや漁船、ヨットなど大小様々な船が行きかっている。

　東の海はワイルド。遠くにうっすらと淡路島が見えるだけで広く大きな海が広がっている。海の透明度は島の周りでは一番高く、カヤックの下を魚が泳いでいるのが見える。

　北の海には小さな島がぽつぽつ浮かんでいる。そのうちの一つ沖之島には人が住んでいるのだが橋はなく、片道数分の小さな渡し船が小豆島との間を行き来している。

西の海はとにかく夕日がいい。夕暮れ、風が止み鏡のように穏やかになった海を一面ピンクに染めながら、真っ赤に大きく膨らんだ太陽が瀬戸の島なみに沈んでいく。振り返ると島の山の向こうから丸い月が顔を出している。

海は月と大きく関係している。月の動きによって海は満ち引きを繰り返し、これにより潮流という大きな流れが生まれる。とくに瀬戸内海はそれが顕著で、小豆島のある備讃瀬戸《びさんせと》の場合、潮が満ちる時には鳴門《なると》のほうから瀬戸内海へと水が流れ込み海は西へと流れる。また潮が引きはじめるとその逆の動きが生まれる。岬の先端や海峡などでは白波が立つほど潮が速く、まるで川のようにザーザーと流れている。海面が穏やかに見えるような場所でも潮はゆっくりと動いていて、カヤックが妙に重く感じてスピードが出ないような時には潮の影響を受けているのだ。

ほんの一昔前には手漕ぎの舟や帆船がそうした潮や風の流れをうまく使って瀬戸内海を航海していた。瀬戸の潮や風を知り尽くした海賊たちはこの海を縦横無尽に跋扈《ばっこ》していたことだろう。カヤックに乗って目を閉じるとそんな昔の美しい瀬戸内の風景が頭の中に広がっていく。

さてさて、カヤックに乗って今日はどこへ行こう。海は島を隔離するものではなく、新しい世界へとつながる道なのだ。

島の山

小豆島の山は岩がおもしろい。火山灰からなるこの岩は雨や風で浸食されやすく、寒霞渓に点在する奇岩や洞窟は長い年月をかけて自然が少しずつ作りあげたものだ。そして小豆島の山は思いのほか高い。瀬戸内海で最も高い星ケ城山《ほしじょうさん》は標高八一六メートルもあり、冬には雪が積もることもある。また海から山まで一気にかけ上がる急峻な地形は上昇気流を生み、霧や雲を発生させ、雨をもたらし豊かな森をはぐくむ。

そんな島の山を歩くのはとても楽しい。遊歩道が整備されて手軽に登れる山から、藪をかき分け岩をよじ登るような険しい山まで、島の中にはいろんな山があり、気分や体力に合わせて行き先を選ぶことができる。

「絶景！　四方指《しほうざし》展望台」標高七七七メートル。空気が澄んだ日には東は大鳴門橋から西は瀬戸大橋まで瀬戸内海を一望できる。目の前には寒霞渓の入り組んだ渓谷と森が広がっており、四月下旬には清楚なヤマザクラ、五月には萌える新緑、一一月には色鮮やかな紅葉を楽しむことができる。またよく晴れた夜には満天の星空が広がっていて宇宙と交信できそう。車で簡単に行くことができるお手軽さも魅力。

「心洗われる西の滝」標高約三〇〇メートル。小豆島八十八ヶ所霊場第四二番札所。山岳霊場の一つ。山門をくぐると凛とした空気が漲っている。本堂から続く洞窟の奥には弘法大師が小豆島に来た際に、村人を困らせていた龍を封じ込め改心させたといわれる石の壺が祀られており、その奥から霊水が湧きでている。本堂上の護摩堂からの瀬戸内海の景色は美しく厳かで、眺めているだけで心清らかになっていく。時間に余裕のある人は住職さんに護摩焚きをしてもらうと心も体もさらにすっきり。

「パワースポット重ね岩」標高約一〇〇メートル。長い階段を上り、ゴツゴツとした岩のすき間を登りきると、誰もがアッと驚く。目の前には鏡餅のように重なった岩が断崖スレスレに絶妙なバランスで鎮座している。大きい！　そして、なんだか神秘的。目の前の穏やかな海にはポコポコと島々が浮かび、大小たくさんの船が行き来している。のんびりした瀬戸の風景と岩からの力強いパワーに癒され、帰る頃にはなんだか元気になっている不思議な空間。

「空中ロックガーデン千羽ヶ岳」標高三七一メートル。見上げると圧倒的な存在感で巨大な岩がそそり立っている。親指を立てたような形からその名も親指岳。その背後にそびえるのが千羽ヶ岳で、頂上直下には波のうねりのような模様が刻まれた一枚岩の斜面が広がっている。急峻な森の小道を抜け、垂直の岩や滑りやすい谷間をよじ登った末にたどり着くその岩場からの絶景に疲れも吹き飛ぶ。目の前には青い空と海が広がり、眼下をとんびが気持ちよさそうにクルクルと飛んでいる。ここから海を眺めながら食べる弁当は最高においしい！

小豆島には他にも面白い山はたくさんある。自分だけのお気に入りの岩や景色、そんな素敵な場所が見つかるともっともっと島が好きになる。

島の祭り

風の中にキンモクセイの甘い香りが漂いはじめると祭りの季節がやってきたなと思う。毎年一〇月一一日から二一日には島のあちこちで秋祭りが開かれる。「祭りと仕事どっちが大事や？」と問われると迷わず「祭りじゃ」と答えるほど小豆島の人は祭り好きだ。島の祭りは秋の豊作を神さまに感謝し、太鼓台（島の人は単に太鼓と呼ぶ）という重さ一トンほどもある大きな山車のようなものを大勢の男たちが舁《か》いて（担ぐこと）神社に奉納するというものだ。太鼓は馬場と呼ばれる広場や神社の境内で台車から外され、持ち上げられ、横倒しにされ、神さまを楽しませる。

太鼓には「乗り子」と呼ばれる華やかな衣装を着た子どもたちが乗っていて、真ん中に据え付けられた太鼓を叩いて舁き手を盛り上げる。乗り子は小さな太鼓には二人、大きな太鼓には八人も乗っている。僕も子どもの頃に乗り子になったことがある。あの時の熱気や興奮は今も心の奥底にしっかりと刻まれているし、その時身に着けていたお守りは今でも祭りになると僕の腕に巻かれている。こうして小さな頃から祭りに接することで島の子どもたちは祭り好きに育っていく。

この太鼓、祭りの前に男衆によって組み立てられる。太鼓本体に長い縦棒と短い横棒を組み合わせるのだが、接合に使われるのはロープのみ。二本の棒に何重にも巻かれたロープをみんなで力を合わせてぐいぐいと締め、緩みなくがっちりと固定する。太鼓が組み上がると夜な夜なドーンドーンと乗り子たちが太鼓を練習する音が聞こえはじめ、いやが上にも祭りの気分は高まっていく。

島には大きな神社が六社あり、その神社の氏子地域ごとに祭りが行われる。島の北東に位置する葺田八幡《ふきたはちまん》の祭りには清めの獅子舞があり、島の東南の内海八幡《うちのみ》では「幟《のぼり》さし」と呼ばれる長い幟を使った華麗な技が披露される。島の西にある土庄八幡や富丘八幡では太鼓に提灯をぶら下げ町を練り歩く宵祭りが華やかだし、島の北西に位置する伊喜末《いぎすえ》八幡では太鼓同士がぶつかり合う舁き比べが熱い。そして僕の住んでいる亀山八幡は櫓舟に乗った太鼓が海から登場し祭りが始まる。それぞれ地域ごとに特色があって面白い。

ただ、どこの祭りにも言えることは島の男たちは太鼓を舁くのが大好きだということ。「えいしゃーしゃーげー」という独特の掛け声とともに肩に担いだ太鼓を空に向かって一気に持ちあげ、力いっぱい太鼓を支える。そして片側の棒を持ちあげたまま、反対側の棒を下げ、太鼓を横倒しにする。あらん限りの声をあげ、歯を食いしばり体勢を保持し、今度は反対側に返す。頭の中は空っぽ、体中の筋肉や骨がギシギシと悲鳴をあげはじめる。汗まみれ土埃まみれになって太鼓を舁く男たちの目はキラキラと輝いていて、いつもは普通のおっさんたちが力強く男前に見える。大きな太鼓が男たちの一糸乱れぬ動きできれいに持ちあげられると観客からは大きな声援と拍手が送られる。

夕方、太鼓はあっという間に解体され、「どやぶっ」といわれる打ち上げが始まる。心地よい疲労感に冷えたビールがうまい。宴は大いにもりあがり、夜も更けた頃ふらふらと家路につく。酔った体に夜風が心地よい。夜毎響いていた太鼓の音はもうしない。草むらからは虫たちの鳴き声。祭りが終わると島の秋は一気に深まっていく。

島名物はタコ

僕はタコが好きだ。食べるのはもちろんのこと、変幻自在に体の形や色を変え、時には墨を吐き逃亡する、まるで海の忍者のようなところがイカしている（タコだけど）。小豆島にはマダコ、テナガダコ、イイダコの三種のタコが生息しているが、タコといえばやっぱりマダコ。潮の速い瀬戸内で育ったマダコは身が締まって味が濃くうまい。

漁師はタコを獲るのに壺を使う。「穴があったら入りたい！」これタコの習性。魅惑的に口を開けた壺を見つけると、タコはその誘惑に抗えず、思わず中へ入ってしまう。壺の中でくつろいでいるうちに気がつけば船の上といった具合だ。ただし漁師以外は壺の使用は禁止されているので、漁業権のない僕ら一般人がタコを獲るには主に三つの方法がある。

まずは陸からの釣り。カニの形をした疑似餌に豚の脂身をくくりつけ沖に投げる。ズンという重さを感じたらそれはタコが食らいついている。あとはゆっくり引き上げるだけ。そこにタコがいたら釣れる簡単明快な獲り方。まずはここからはじめてみよう。

次に夜の散歩漁。風がなく波静かな夜、浅瀬や防波堤を懐中電灯で照らしながら歩いているとタコが貝やカニを食べにきているところに出くわす。そこを鉤《かぎ》で引っ掛ける。ちょっとした夜の冒険気分が味わえる。ただし、タコの擬態を見分ける目が必要。

そして潜り漁。タコは自分が食べた貝の殻を巣穴の周りに転がしている。海底に白い貝殻が散らばっていたら要チェック。その近くにはタコがひそんでいる。そっと近づくと穴があり、中にタコの頭が見える。ここからは一発勝負。躊躇しているとタコは石のすき間や砂の中へとスルスルと潜って逃げていってしまう。大きく息を吸いこみ、タコめがけて一直線、穴に手をいれ素早く頭（本当は頭ではなく胴体なのだが）をわし掴み、吸盤で岩にしがみつこうとするタコをベリッと一気にひっぺがす。腕に足を絡ませ必死に抵抗するタコをなだめすかして浜辺に上がる。タコとの真剣勝負が味わえるちょっと上級者向けの獲り方。

こうして獲った新鮮なタコは本当においしい。まずは軽く茹でて刺身。弾力のある食感とともに口の中に旨みが広がる。その他、甘辛く煮るもよし、から揚げや天ぷらもうまい。タコ飯も簡単でおいしいのでぜひお試しあれ！

山本貴道（やまもと・たかみち）
一九七二年小豆島生まれ。小笠原水産センターにて魚介類を研究。二〇〇四年にUターン。島のガイド・自然舎《じねんしゃ》&カフェ・タコのまくら代表。

移住にはまず住宅

向井達也

行政の取り組み

小豆島は二つの町によって構成されています。小豆島町一万四九八四人、土庄町一万三九三〇人の、合わせて人口二万八九一四人が暮らしています（平成二七年四月現在）。

僕が働く小豆島町では平成二六年度のＩターン（移住者）は一三一人でした。Ｉターンとは出身地とは別の地方に移り住む、特に都市部から田舎に移り住むことです。うち二〇歳から二九歳までが五三人、三〇歳から三九歳が二九人にのぼり、二つの年代を合わせると全体の六二・六パーセントになります。全体の半数を若年層が占めました。働き盛りで、出生率にも影響をあたえる世代の移住に活躍が期待されます。

移住に関するニュースがもてはやされますが、人口問題はまだまだ深刻。人口の増減については二つのカテゴリに分けられます。一つは「自然動態」。これは出生者数と死亡者数を比較したものです。島は高齢者が多く、子どもが少ない。子どもを生む人が少ないことから自然動態は減少が続いています。もう一つのカテゴリは「社会動態」。これは移住や引っ越しなど転出入を比較したものです。一対一・二九の割合で社会動態も減少となっています。つまり移住者が増えていても人口はまだ減少しているのです。

小豆島には大学・短大・専門学校などの高等教育機関がないため、進学を選んだ学生はいったん小豆島か

ら離れることになります。その後も多くの若者が島外での就職を選び転出に繋がっていき、小豆島は人口減少が避けられないながらも、出生率と移住などの転入を現在のペースで保つことができれば、高齢者層の減少により、結果として島は若返りをするといえます。適正な人口バランスを考えたとき、これまでの行政サービスの見直しが必要となり、この見直しが循環する社会の基盤となると感じています。

　移住希望者にとって魅力的な土地でなければ、島外に出た島出身者にとってもUターンしたくなる土地にはならないと考えています。何より風通しが良く、可能性がある土地にするために、移住者の暮らしや生活が話題になり、いつしか島出身者のUターンに繋がれば小豆島が若返ることも可能かもしれません。

移住について

　移住について考えてみましょう。かつては国外へ暮らしの拠点を移すことに使われていた言葉でしたが、近年は地方へ拠点を移すことでも、また「外から来た人」の意味合いで「移住者」とも使われています。三年前、まだ僕が移住して間もないころ、「移住者はいつまでたっても移住者」という言葉を先に越して来た人から聞いたことがあります。これは卑下でも謙遜でもなく〝事実としてそうだ〟ということでした。どれほど地元に溶け込んだとしても同級の話は分からないし、代々続く家系もありません。その溝を地元の人と親しくなって埋めようとしても事実は変えられないということを伝えたかったのでしょうか。島外からお嫁に来られて、小豆島で子どもを産み七〇歳を過ぎた人がいまだに島には慣れないといわれた時には驚愕しました。人生のほとんどを島で過ごしたにもかかわらず、いまだに移住者であるという視点だったのです。一つ断っておくと移住者に対する偏見や差別が蔓延しているということではありません。ただ幼少期に過ごした時間や先代の話など地元の人にしか出来ない話があるということです。

移住の話題になった時、年配の方がルーツの話を好んですることがあります。酒の席で尋ねてみるとこの辺りは海賊の末裔が暮らしている、とかこの辺りは四〇〇年前に移住してきた赤穂《あこう》からの子孫である、といった話をいろいろと聞きます。視点の違いを楽しみ、ルーツを大切にすることで「私」が形づくられ、祭りや行事に参加することで「公」が形づくられます。同じように昔の移住者も自分で自分の居場所を小豆島につくってきたのです。まさに移住によってできた島でもあるからこそ、「移住者はいつまでたっても移住者」でいられるのだと思います。

小豆島あちこちダイアリー 02

2015年8月14日　「鈴木さんの豚」（池田）
林の中にコロコロ転がって気持ち良さそうに眠る豚たち。

空き家バンク

さて住むには家が必要です。小豆島町・土庄町の両町ではそれぞれ「空き家バンク」を実施しています。空き家バンクは移住希望者を対象に空き家の内覧と所有者の紹介を行う行政サービスです。併せて活用したいのが小豆島町の「空き家活用事業」、土庄町では「空き家リフォーム支援事業」です。賃貸物件の修繕を対象に、台所や風呂、トイレ、屋根の葺き替えなどにかかる費用の一部を助成してもらうことができます。小豆島町と土庄町で助成内容に違いがありますから、事前にしっかりと確認することをお勧めします。また両町ともに「中・長期滞在施設」を設置しており、移住希望者は一週間から最大三カ月までの滞在が可能になっています。料金は一日二〇〇〇円。この滞在施設を拠点に空き家物件を巡ったり、就職活動をする人も多いようです。

空き家バンクに掲載される情報は随時更新されていて、良い物件はすぐに交渉中になります。移住相談会で一番に聞かれることは、空き家があるかどうか、ということです。平成二五年の住宅・土地統計調査における小豆島町の空き家の推計は二七一〇戸にのぼりました。しかし空き家バンクに登録されているのは、この原稿を書いている現在では、小豆島町二一件、土庄町一二件の計三三件です。うち賃貸物件はわずか八件のみでした。移住希望者は最初は賃貸を希望することが多いです。空き家はある、しかし空き家バンクには登録されていない。または理想の住まいに出会えない。そんな現状が浮かびあがってきます。そんなときにどうすれば良いのか、実際に移住した人に話を聞いてみました。

小豆島町に移住したTさんは移住にあたって小豆島に足繁く通われたそうで、月に二、三回、日帰りで通い、二カ月ほどかけて島中のいろんな地域に足を運び、家族で暮らせる環境と空き家物件のチェックをしたり、周辺の人に話を聞いたりすることで空き家の多い地域や特性、協力者などが見えてきたとのこと。そこで大体地域の目星をつけてから使わせてもらえる空き家がないか地域の方と直接交渉を開始し、そして実際に住むことのできたのは空き家バンクに載っていない、非常に条件の良い物件でした。

これは空き家バンク制度を否定しているわけではありません。空き家バンクに登録される物件は競争率が高く、良いものはあっという間に借り手が決まります。実際に小豆島をくまなくめぐって、この家が良い、この場所が良いと希望することも方法の一つで、この地域に住みたい、といってくれることは地元の人にとっても嬉しいことです。地元に少しずつかかわって協力者を増やしましょう。

空き家について

空き家の問題は心の問題もかかわってきます。都会のアパートやマンション経営と違い、空き家となった建物は所有者やその家族が実際に住み長年暮らしてきた家です。空き家の状態が建物に良くないとは知りつつも、見ず知らずの人に貸す決心はなかなかつきません。そんな空き家がいつしか廃屋となったものもたくさんあります。また賃貸で貸し出す場合はどうしても修繕費を大家さんが払うべきという考えがあり、そういった費用と賃貸料のバランスがとれないため、放置される傾向にあります。そういった事情があるなか、Tさんのケースのように顔が見え、家族形態や働き方が見えると条件やお願いごとをふくめて交渉がしやすくなるようです。

これまで空き家の問題はあくまで個人の問題とされていましたが、二〇一五年「空家等対策の推進に関する特別措置法」が施行され、社会問題として取り上げられる機会も多くなってきました。今後は空き家の活用法だけでなく、空き家そのものをできるだけ作り出さない取り組みが自治体に求められるのではないでしょうか。空き家は、今後も増加傾向にあります。

不動産業を営む人から衝撃的な話を聞いたことがあります。それは「移住者には家を貸さない方が良い」という考えが不動産業界にあるということです。びっくりして理由を尋ねると、移住者は田舎暮らしに憧れて来ているから就職してもまともに働かない、家賃がタダ同然だと思っている、さらには家をめちゃくちゃにする、と言われました。そんな人たちばかりではないことを話しましたが、良いイメージよりも悪いイメージのほうが強く残るもので、一度でもそのようなことがあるとなかなか払拭されないようです。

移住というと、古い家を安く借りて自分の好きなように改修して住めるというイメージがあるかもしれませんが、実際はタダ同然の家なんておいしい話はそうはないし、自由に改修OKの賃貸物件もほとんどありません。家賃は一軒家で四万円から六万円ぐらいが相場でしょうか。アパートでも同じぐらいです。もちろん築年数や設備の状況、広さによって変わりますので、あくまでめやすとして考えてください。

ライフライン

トイレやお風呂の状況も借りたい人にとっては気になるところです。小豆島は下水道が通っていないので浄化槽が設置されていなければ、汲み取りが必要になります。新しい家には合併浄化槽が埋設されていることが多く、し尿と生活雑排水（洗濯・風呂・食器洗いなどで出る排水）が浄化槽を通って処理されます。それより少し前のものだと単独浄化槽が使われており、し尿のみ浄化槽を通って処理されます。トイレの設備はほぼ下水道が通っている地域と変わりがないですが、浄化槽の定期的な維持管理費が必要になります。そして古い空き家に多いのが汲み取り式です。いわゆる「ぼっとん便所」と言われる穴の空いたものと、「簡易水洗式便所」と呼ばれる汲み取りに対応した水洗便所です。浄化槽の設置にあたっては五人家族で大体一〇〇万円から（小豆島町・土庄町共に補助が出ます）、ぼっとん便所を簡易水洗式便所にする工事は一七万円ぐらいと聞きます。これは設備の状況や業者によって違いますので参考程度にお考えください。

合併浄化槽以外の家では生活雑排水は水路を経由して最終的には海に流れます。洗剤の利用を少なくするなど、できるだけ水を汚さない努力を個人個人が徹底していきたいですね。お風呂はボイラーや電気温水器が設置されているところが多く、ボイラーは主に灯油を使ってお湯を沸かします。電気温水器だと夜間にお湯を沸かして次の日の晩に使えるように設定されていることが多いようです。またまれに五右衛門風呂が残っている場合がありますが、煙突掃除をまめにしないと火事の原因にもなりますので電気温水器などの導入をお勧めします。

向井達也（むかい・たつや）
一九八九年奈良県生まれ。二〇一三年移住。小豆島町地域おこし協力隊。

瀬戸内国際芸術祭と私

井上彩

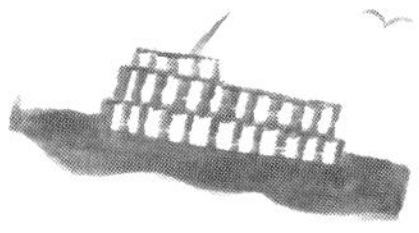

小豆島の魅力

　私は瀬戸内国際芸術祭二〇一三の小豆島・醤《ひしお》の郷《さと》＋坂手港《さかてこう》プロジェクトの仕事をするため、この島で働きはじめました。今は小豆島町役場のスタッフとして、芸術祭や町のアートプロジェクトにかかわる町民・アーティスト・役場のみなさんをつなぐ役をしており、主にアーティストと町役場との連絡調整やプロジェクトの進行管理をしています。

　初めて小豆島に来たのは一二年の秋。芸術祭の事前リサーチに訪れた時、私は小豆島町で働くことを前提に、大阪の編集会社MUESUMのインターンとして勤務していました。醤の郷＋坂手港プロジェクトのエリアディレクターは、MUESUMの多田智美さん、デザイン会社UMA/design farmの原田祐馬さん、そしてアーティストで京都造形芸術大学教授の椿昇さんの三人です。この三人の企画で、一三年の芸術祭から新たに醤の郷と坂手港エリアでの作品展開が決まっており、準備が進行中でした。

　私がこの仕事に就こうと面接を受けにいったのは一二年一〇月中旬で、きっかけは大学時代の同級生のすすめです。その友人は、当時約二年間くらい無職でいた私を心配し、連絡をくれたのだと思います。彼女のメールに、募集している仕事で「瀬戸内国際芸術祭」にかかわれるかもしれないと書かれていたことが、面接に行くことを決めた理由です。以前、私はその友人と一緒に、瀬戸内国際芸術祭を訪れ、また大地の芸術祭越後妻有アートトリエンナーレには、ボランティアでかかわったことがありました。両親が心配している し、働かなくてはならないという気持ちもありました。その時期、私はほとんど人と会わず、両親とほんの少し話す程度の毎日を送っていて、大げさかもしれませんが、生きることについてただひたすら考えていた時でした。友人のすすめがなかったら、今頃何をしていたのだろうと思います。そして、幸いにも採用が決まり、インターンの期間を終えた後、一三年二月から小豆島町の臨時職員として働きはじめました。

勤務するために一人で冬の坂手港に着いた時、数人地元の人が迎えにきてくれたのを覚えています。到着した日、持ってきたのは、衣類をつめたバッグと、数日前に取得した原付免許でした。私は運転免許を持っておらず、それでは島では不便だということで働くまでに原付だけでも運転できるように、なんとか間に合わせたのです。到着する日まで住む家は決まっていませんでした。今になって考えると無茶苦茶な話ですが、図々しくも地元の方の家に数週間ホームステイさせてもらえることになり、温かい家で、奥様の美味しい料理をいただき、旦那さんから地元にまつわるお話を聞かせていただきました。

その後、廃業して使われていなかった宿舎エリエス荘に管理人として住み込みで働きはじめました。エリエス荘は、一三年三月から町が管理し、アーティストの滞在施設として活用している場所です。芸術祭が始まると一気に慌ただしくなり、多くのアーティストやクリエイターが行き交うようになりました。アーティストたちが島に訪れた時、この人、都会ではこんな顔をしないんだろうなという開放された表情をしているのを目にして、船なのか海なのか、どこかに切り替えのスイッチがあるみたいだと思いました。芸術祭からもうすぐ三年が経とうとしていますが、今も継続して多くのアーティストたちが島を訪れています。

私にとっての小豆島の魅力は「可能性」です。ここにはやりたいことを実現できる可能性を感じさせる空気、流れがあるように思います。私はその流れに乗って、一六年の瀬戸内国際芸術祭をやりとげるという目標に向かっているところです。

瀬戸内国際芸術祭二〇一六

二〇一〇年から始まった瀬戸内国際芸術祭は一六年で三回目、テーマは「海の復権」。会期は、三月二〇日から四月一七日までの春会期、七月一八日から九月四日までの夏会期、一〇月八日から一一月六日までの秋会期の計一〇八日間。直島、豊島、女木島《めぎじま》、男木島《おぎじま》、小豆島、大島、犬島、沙弥島（春）、本島《ほんじま》（秋）、高見島（秋）、粟島（秋）、伊吹島（秋）、高松港周辺、宇野港周辺の一二の島と一四会場で開催されます。とくに大きな要素は、生活文化の基本である地域の特色のある「食プロジェクト」、アジアを中心とした世界との文化的交流、県内や瀬戸内の他地域との連携、三つが挙げられています。

小豆島ではすべての港でアートを見ることができます。

椿昇さんがエリアディレクターを務める「小豆島町未来プロジェクト」では、一三年に展開した醤の郷と坂手港周辺だけでなく、新たに草壁港や池田港、安田、堀越、田浦《たのうら》で作品を展開します。椿さんの一押しは、インドからの招聘アーティスト四組五名と新進気鋭の若手作家三名です。一三年より継続して町とかかわり続けている作家のみなさんにも注目です。

建築事務所o+hがかかわっている坂手の遊児老館で、町のみなさんやクリエイターとの協同で実施される福祉や食のイベント。劇団ままごとによる町中を舞台とした演劇「港の劇場」。UMA/design farm+MUESUMによる様々な専門性を持つクリエイターが滞在し、それぞれの自主プロジェクトを展開するCreator in Residence「ei」。二十四の瞳映画村前にできる清水久和さんの新規作品。調査・検証・解体・編集・再構築というデザイン思考のプロセスを辿り、小豆島の新しいカタチを発見するgraf「小豆島カタチラボ2・0」。Umaki campをつくった建築事務所ドットアーキテクツによる、地域と建築との可能性について語り合う小豆島建築ミーティング。京都造形芸術大学城戸崎和佐ゼミによる旧醤油会館裏庭の竹の茶室。そして、早稲田大学古谷誠章研究室による堀越でシシ垣をつくるプロジェクト。小豆島青年会議所と小豆島の二町の商工会青年部の若者と清水久和さんによる愛のバッドデザインプロジェクト。安田の農家のみなさんと立命館大学及川清昭研究室による秋の限定農家レストラン。これらの作品・プロジェクトは一三年以後、作家や町のみなさんがずっとあたためてきた関係から成り立っている企画です。

草壁港には建築家中山英之さんが設計する公共アートトイレができます。その近くには、grafと地元のレストランのFURYUがコラボ、小豆島の食材を活かしたジェラテリアができます。

そのほかのエリアでの展開も見逃せません。中山では台湾のワン・ウェンチーさんの竹をつかった作品が展示され、三都《みと》半島では広島市立大学教員らによる熱のこもった作品展示があります。福田ではアジア八カ国のアーティストによる福武ハウスと福田家プロジェクトでの作品展示や、地域プログラム、シンポジウムなどが開催予定です。土庄町では土庄港フェリーターミナルにファッションデザイナーのコシノジュンコさん、大部港《おおべこう》周辺に台湾のリン・シュンロンさんによる作品などが展開される予定です。ぜひこの機会にたくさんのひとに楽しんでいただけたらと思っています。

井上彩（いのうえ・あや）
一九八二年兵庫県三木市生まれ、大阪府堺市育ち。島根大学教育学部、武蔵野美術大学造形学部彫刻学科卒。二〇一三年より小豆島町役場に勤務し、瀬戸内国際芸術祭をはじめ町のアートプロジェクトに関する業務に携わる。

小豆島あちこちダイアリー 03

2014年12月21日
「冬の大師市」（土庄）
苗木や履物や刃物、
おまんじゅうなど、
昔ながらの露店が立ち並ぶ。

小豆島のスポーツ

真砂 淳

真砂喜之助製麺所《まさごきのすけせいめんしょ》

僕が生まれた時から家業はそうめん屋。さらに言うと生まれる六〇年ほど前からそうめん屋だ。そして今、僕は四代目である。昔は葉たばこや青りんごを栽培し農閑期になるとそうめんを作っていたらしいが、祖父がお客を増やし、そうめん一本にしぼり真砂喜之助製麺所となった。

小豆島の手延《てのべ》そうめんの歴史は約四〇〇年前に遡る。島の人がお伊勢参りの行き帰りに、立ち寄った奈良県の三輪から製麺の技術を持ち帰って島に伝えたと言われている。良質の原材料（小麦、塩、ごま）が身近にあったのと、雨が少なく温暖な気候も相まって日本の三大そうめんの一つに入るという地位を築き上げた。小豆島のそうめんは製造の過程でごま油を使うのが特徴でもある。

マラソンと駅伝

そうめん屋の僕の家は、なぜかみなスポーツ好きである。

小豆島には小学生の野球、サッカー、バレー、バスケット、剣道、少林寺拳法などなどたくさんのスポーツ少年団が今もある。大人の世界でも野球、バレー、フットサル、バドミントンなどのチームがあり、盛んにみんなが楽しんでいるスポーツ好きの島だ。そしてなかなか強いのである。

　ここでは小豆島のマラソンと駅伝について書いてみたい。

　まずマラソンでは、毎年五月の終わりに約五〇〇〇人が参加する「小豆島オリーブマラソン全国大会」と一一月の終わりに約三〇〇〇人が走る「瀬戸内海タートルフルマラソン全国大会」と年に二度マラソン大会が行われている。どちらも文字通り全国各地からたくさんの人たちが走るために来島。僕は毎年オリーブマラソンに参加しているが、本当にたくさんの人たちが笑顔で小豆島を走るとても素敵な大会だと思っている。

　この二つのマラソン大会が島外の人たちが主役の大会ならば、毎年一二月の頭に行われる「小豆島駅伝競走大会」は島の人たちが地元の地区を背負って大人も子供も本気になって戦う、島民が主役の大会だ。実はこの大会の歴史は非常に古く、第一回大会は一九六一年（昭和三六年）に開催された。毎年秋祭りが終わる一〇月の下旬頃、島のメイン道路の国道では夜になると各チームの練習が始まり、車を運転しながら「そろ

小豆島あちこちダイアリー　04

2015年10月21日　「唐櫃浜《からとはま》の祭り」（豊島－唐櫃浜）
「きりめ」という酢の物が、バケツから手のひらへ豪快に配られる。いりこやエビなども入っている。

そろ駅伝の時期か〜」と思う。小豆島駅伝は島民なら誰もが知ってる大会でもあり、もはや島の風物詩でもある。新聞広告に各地区のメンバー表が入ると、会う人会う人に「今年もがんばってよ」「今年は優勝できるん？」と声をかけられる。ちょっとしたアスリート気分を味わえるのだ。

この小豆島駅伝をもう少し詳しく説明すると、チーム編成は各公民館単位で、そして一チーム八区間八人。チームに中高生の学生は最大で四人までと制限されている。普通一般的な駅伝大会は各区間に年齢制限があるが、小豆島駅伝にはそれがない。それがこの駅伝の最大の魅力でもある。極端な話、四〇歳のおっさんが中高生と同じ区間で真剣に勝負することができたり、息子や娘とも勝負したりできるのだ。親から子へ、子から親へ、兄ちゃんから弟へ……などいろいろなおもしろい組み合わせや対決が、襷《たすき》リレーが見られるのである。実は僕も長男と次男から襷をもらって走ったことがあるが、中学生の頃から参加している僕にとって、高校生と中学生の息子二人から襷を繋ぐのはかなりテンションがあがる。そして走りながら密かに感動もしていた。

こういった歴史のおかげなのか、毎年、島の中学、高校は他所で開催される駅伝の優勝候補に挙げられ、ここ数年小豆島の中学校、高校ともに陸上部は何度も全国大会に出場している。もちろん選手の努力、指導者の努力もあるが、この駅伝大会での経験が間違いなく生かされているのではないかと思う。

ところで我が家のスポーツ大好きな子どもたち三人は、長男が陸上、次男と長女が野球とそれぞれ各部門の主力、エースである。時間も金ものすごくかかるけど、親としてはほんとうに楽しませてもらっている。

真砂 淳（まさご・あつし）
一九七三年小豆島生まれ。真砂喜之助製麺所四代目。www.kinosuke.net

農村型音楽祭

大塚一歩

肥土山《ひとやま》

　横を向いた牛の形にそっくりと言われている小豆島の中で、肥土山は土庄港から、車を一五分ほど走らせた島の中央部、だいたい牛の心臓にあたる部分に位置しています。一帯は棚田を有する美しい里山です。長い歴史を持ち代々守られてきた豊かな環境は、離島の中の農村地区だからこそ残されてきた、日本が誇るべき情景と言えます。島の特産のオリーブ栽培が盛んな地区でもなく、瀬戸内海に面してもいません。都会的な便利さも高い建物もありません。ただ、肥土山には、豊かな自然と田畑があり、人々の心に響く「何か」があります。僕は移住先の家探しで島を歩いているときに肥土山地帯に最初にガッツンとやられました。

　小豆島は、かつて三〇以上（仮設舞台を含めると一四〇以上！）の歌舞伎舞台がひしめく芸能の島でした。江戸時代には島内に役者が溢れ、想像もできないぐらい賑わっていたのではないかと思います。小豆島の農村歌舞伎舞台は、お伊勢参りへ向かったある一行が上方歌舞伎を見にいき、それを真似したのがきっかけで、小豆島にとんでもない歌舞伎ブームが到来しました。しかし、数多くあった農村歌舞伎舞台も現存するのは肥土山地区と中山地区の二カ所のみとなっています。地元民が受け継いでいる地芝居を披露する農村歌舞伎は、今でもそれぞれの舞台で年に一回開催され、三〇〇年以上伝承されています。島にこんな素晴らしい文化が残されていることに心から敬意を払い、何かを通じてもっと多くの人に農村歌舞伎舞台を知ってもらいたい、と考えるようになりました。素晴らしい景観の里山と歌舞伎舞台を後世に伝えていくためには、現存の二つの舞台を活用していくことが重要だと考え、どこにもないここでしかできない農村型音楽祭を企画しました。

風が吹いてきたよ

二〇一五年五月九日、小豆島の土庄町・肥土山地区にて「風が吹いてきたよ」という音楽祭を島の仲間と開催しました。

スタジオジブリ「かぐや姫の物語」の主題歌を歌った二階堂和美さんをはじめ、ダブルフェイマス、時々自動、笹倉慎介さん、そして小豆島で親しまれている御詠歌の梵音《ぼんおん》遊行《ゆぎょう》（真言宗・高野山金剛流）の五組を招き、国の重要有形民俗文化財にも指定されている肥土山農村歌舞伎舞台で音楽イベントをやってしまおうという新しい試みです。

初めての大掛かりな音楽祭、しかも肥土山の人々が大事にしている舞台を使用するということで、どう地区を説得していくか、僕はとても緊張しました。どこの地方でもそうでしょうが、ここ小豆島では地区（町内の連合と考えてください）という単位で何事も決められていきます。まず肥土山自治会、これに青年会と肥土山農村歌舞伎保存会と三つの会に承認をいただかなければなりません。僕は別の町に住んでいる移住者です。理解してもらうために、なんども足を運び、みなさんの舞台を使わせていただきたいこと、たくさんのお客を肥土山に呼び寄せること、島の食べものや島の店以外のブースも出店することを話しました。また、移住されたばかりのデザイナーの平野甲賀さんに音楽祭のタイトルを考えてもらい、ロゴもつくってもらえたことは、強力な後押しになりました。幸い地区のみなさんの賛同をいただき開催できる見通しがたったところで、ひとまず安心しましたが、開催日まですでに一年をきっていたのです。

開催日が近づくにつれてプレッシャーが重くのしか

かり、胃薬を瓶ごと飲みたい毎日でした。超が付くほど楽天家の僕がその境地だったのは、よほどの状況だったのではないだろうか、いまはそう思います。そんな重圧も前日のリハーサルですっと軽くなりました。舞台と里山に響き渡る、ダブルフェイマスのドラム、ホーンの音色。二階堂さんの歌声、それらが放たれた瞬間、場の鼓動が高まったような躍動感を感じました。そして周りを見回せば、肥土山の人々と、心強い島の仲間たちがいる。明日はどうなるか分からないけど、これだけでも成功なのかもしれない、と思えたのです。

そして当日は夢のようなひとときでした。舞台の存在感にまったく引けを取らない熱演と、それに応える観客のみなさん。乳児もいればシニアカーで来ている高齢者もいて、三世代四世代の人々が集い、時には踊りながら、この場とこの瞬間を楽しんでいる。合間に餅つきあり、ラジオ体操あり、小豆島恒例の締めイベント餅投げで終了しました。こうして文章に起こすとなんともムチャクチャですが、かつて音楽フェスやライブハウス、クラブによく足を運んでいた僕も、こんな異様な音楽イベントははじめてでした。一般的に言われる〝音楽フェス〟ではない。地域おこしを目的としているわけでもない。資金集めもせず、企業や行政からの支援金もゼロだったので、商業的でも行政的でもない。いわば普通の人々が集って決行してしまったハレの場所。これこそが、妄想段階から目指していた僕の「祭」の風景でした。

肥土山の人々や島の友人たち、島生まれ・Uターン組・移住者関係なく、この場で笑顔になれたことが何よりの成果であり、垣根を超えて集える場、「祭」が大事にされている意味なのではないでしょうか。何はともあれ、赤字はかかえたけれど、小豆島にきてから三年でこういった機会と人々に恵まれたことが、僕と夜中まで伴走してくれた妻、ふたりの財産となりました。

大塚一歩（おおつか・いっぽ）
一九七五年東京都生まれ。会社員。二〇一二年移住。

小豆島の文学者

淺野卓夫

壺井栄　壺井繁治　黒島伝治　尾崎放哉

　家族旅行で小豆島に渡った。一路目指すのは、東南の田浦《たのうら》岬にある「二十四の瞳映画村」と壺井栄文学館。島の友人に「ずいぶんベタな観光ですね」と笑われたが、感無量の旅になった。小学生のころ、図書館で原作を読んで泣き、高峰秀子主演の映画をみて泣いた。その後原作を何度読んだかわからない。岬の分教場に赴任した「おなご先生」と一二人の島の子供たち。一九三〇年代、瀬戸内の島に恐慌による貧困や戦争の不穏な波がおしよせるなか、女教師と生徒の拡大家族的な魂の交流が描かれる。

　いつだって、思い入れたっぷりに読むのである。マッちゃん、百合の花のお弁当箱、ほしかったよね。磯吉、戦場で光を失っても、おまえの心はちゃんとみえているぞ——。憧れの地にやってきたことがうれしくて、映画村のロケ用オープンセットの木造校舎に娘を座らせたり立たせたりしながら、中国人観光客の一団にまざって何枚も記念写真を撮った。

　壺井栄というと、作家自身のふっくらした和服姿のイメージもあって、「母性愛の文学者」と称されることが多い。だが彼女は、田浦岬の根っこ、小豆島坂手村の貧しい醤油樽職人の家庭に生まれ、大家族を支えるために勤労少女となり、のちに上京して「闘う文学者」として目覚めた筋金入りの反骨の人だ。小説『二十四の瞳』には、反国家、反戦争の思いがはっきり刻まれている。年譜を確認すると、一九二一年（大正一〇年）にキリスト教社会運動家の賀川豊彦が神戸で組織した川崎造船所の大ストライキに参加していて、そのあたりに栄の文学的ルーツがあるらしい。戦後、芸術選奨文部科学大臣賞受賞にあたって、栄はこんなコメントを残している。「純粋にいって、気もちのよいことではないとしても（中略）一つの勝利とも考えられますから。だって、文部大臣は、戦争や再軍備に反対する小説に授賞したのですから」

壺井栄の夫は、早稲田大学に学び、アナキズムから出発した詩人、壺井繁治。このひとは栄の郷里の隣村・小豆島苗羽《のうま》村出身、二人は上京先で結婚した。繁治は、関東大震災時の朝鮮人虐殺をルポ「十五円五十銭」でいちはやく告発し、治安維持法が強化されるなかプロレタリア文学運動を牽引する一方、第二次大戦時はいわゆる「翼賛詩」を発表するなど、のちに転向をめぐって批判されもした。詩人としての評価はともかく、壺井栄文学館で繁治の肖像写真をみたが、いかにも反骨の島人らしい、眼光の鋭い野生児の顔立ちだった。

さらに小豆島には、繁治と同郷で、やはりプロレタリア文学で活躍した黒島伝治もいる。シベリア出兵への従軍体験から、「橇」「渦巻ける烏の群」「パルチザン・ウォルコフ」などの一連の戦争小説の傑作を残した。

日本の小さな島の、小さな寒村から、歴史に名を残す抵抗文学の旗手が三人も生まれているのは驚きだ。小豆島出身者のプロレタリア文学度の濃さは、尋常ではない。何年か前に小林多喜二の『蟹工船』がブームになったが、特高警察の拷問を受け、帰らぬ人となって東京の自宅に戻った多喜二の遺体のもとへすぐさま駆けつけた一人が、壺井栄だった。

ひるがえって小豆島の西の玄関口である土庄町本町には、一九二六年に島で没した放蕩の自由律俳人、尾崎放哉の記念館もある。「咳をしてもひとり」「障子あけて置く海も暮れ切る」などの前衛的な作風で知られる放哉の落ちこぼれぶりは、半端ではない。鳥取の士族の家に生まれ、東京帝国大学を出て生命保険会社に入り、日帝時代の朝鮮・京城の支配人になった前後からひどいアル中で人生急降下。「帝国」の権力になびくのでもなく、「帝国」に反抗するのでもなく、「帝国」から落ちこぼれる、そのみごとな落ちこぼれ方にうなってしまう。ちなみに尾崎放哉はアナキストの大杉栄と同年生まれだが、放哉の人生そのものがかなりアナーキーだ。

年下の妻に見限られて海にとびこんで死んでやると文無しで乗り込んだ小豆島で、結局最後は海にとびこめないほどアル中で衰弱して、お寺の和尚さんや近所の漁師さん夫婦の無私の介護を受けてなくなった。

オリーブやお醤油の島として知られる若い女性に人気の観光地だが、これから小豆島には、世界に名だたる「アナーキー島」として瀬戸の潮風にはためく黒旗を堂々とかかげてほしい。『二十四の瞳』の子供たちは、長じて「女給」になり「傷痍軍人」になった。島の先達の苦闘を、しのぼうではないか。

淺野卓夫（あさの・たかお）
一九七五年生まれ、出版社サウダージ・ブックス代表。二〇一二年、豊島に移住。

小豆島あちこちダイアリー　05

2015年2月22日　「山之観音」（大部《おおべ》）
真冬には凍ることもあるという。本堂では飴湯のお接待をいただいた。

II

オビカカズミ―イラストルポ

島の職人を訪ねて

島の全地域にさまざまな職人がいます。技は何代にもわたり受け継がれています。世界的ヨットの製作所として、その名を馳せる一九三〇年創業の岡崎造船、石工がその技を受け継ぐ巨石採掘場、なんとあのディズニーランドのチョコレート菓子も製造している春日堂などまさに職人の島といえます。

今回は七カ所のイラストルポで島の職人仕事の一端をご紹介します。

文・絵：オビカカズミ（イラストレーター）
一九七四年香川県生まれ。高松市在住。小豆島の商品ラベルなどでおなじみ。四国はもとより東京での個展が評判をよんでいる。

カフェと農家は地つづき〈HOMEMAKERS／三村さん一家〉

小豆島 肥土山
という場所に
愛知に暮らして
いた三村さん一家が
越してきたのは
2012年の秋のこと

拓洋さん
ひかりさん
いろはちゃん

造園設計をしていた拓洋《たくひろ》さん
IT企業に勤めていたひかりさん
毎日多忙で家族皆がすれちがい
一緒に過ごせないことに疑問を感じ
家族全員が揃って過ごせる時間を
作れるような働き方をしたいと
強く思うようになります

拓洋さん36歳、ひかりさん33歳の時
越してきました

もともとハーブを育てたり
野菜を作ったりすること
食べものを作ることに興味が
あった拓洋さん
農業をやって収入を得て
暮らしていく決心をします

幼い頃から親しみのある
祖父の家がある小豆島へ移住

築120年の古民家
畑も果樹もある素晴らしいところ

すぐに農業とカフェをやろうと決断
2013年夏から1年間島外に農業研修
に行き 並行して家をリノベーションしたり
カフェスタイルをどう確立するか
模索していきます

参考になるところがあれば偵察したり
研究する日々

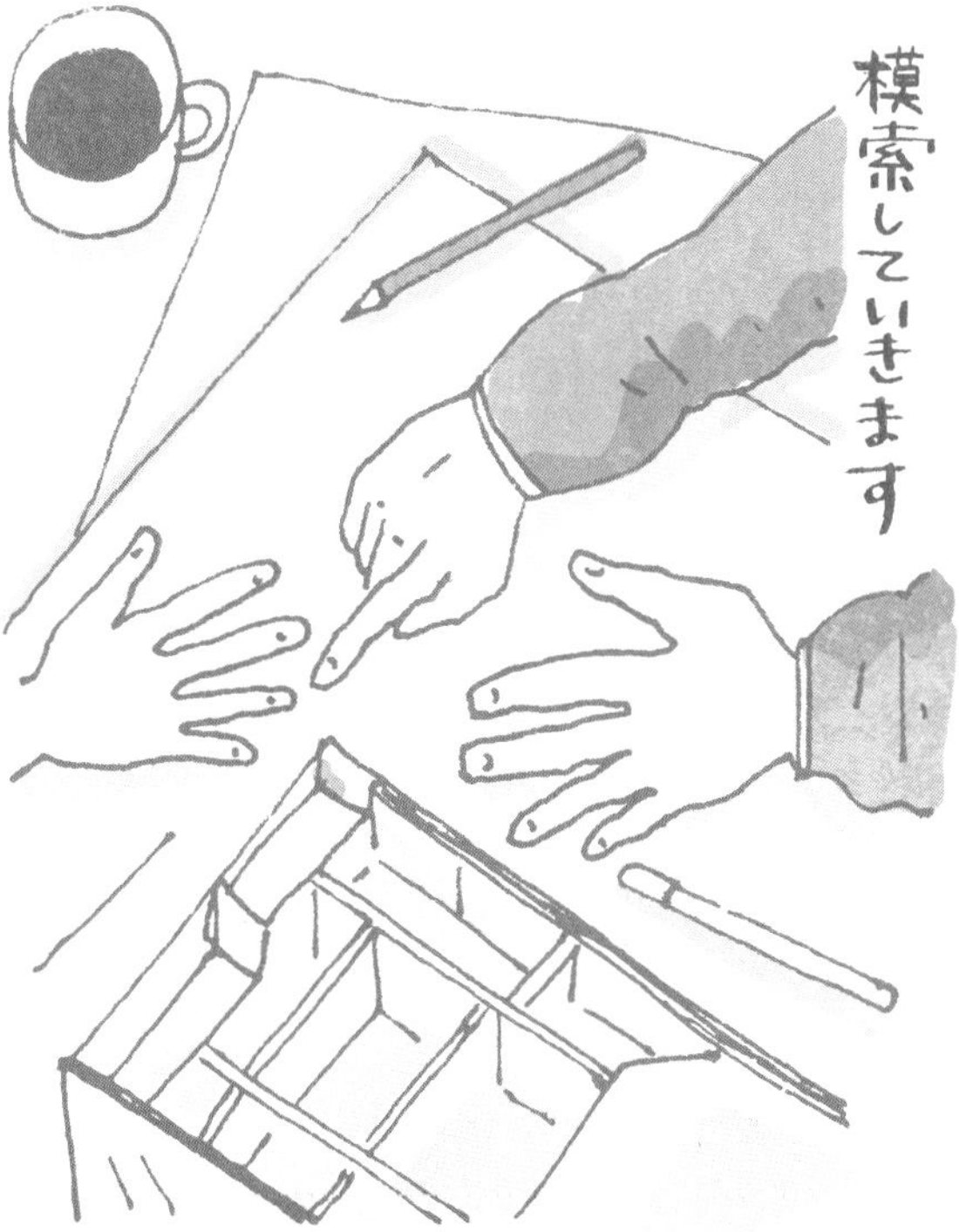

オッ!
読んでみたくなる本がズラリ
許されるなら
いつまでも座っていたくなる
そんな場所です
2014年2月22日
念願の
OPEN!
カフェHOMEMAKERSオープン
オープン以来
カフェを利用する人々は島内
島外で半分半分、
地域の人の集まる場所として
使ってもらいたいのもあり よく近
所の集まりでも利用されているとか
親戚の
やよいさん よく会います
小豆島カメラ
(ひかりさんの所属しているグループ、58P参照)
のミーティングや
新商品の
試食会など
開いたり
しています

農園見学しました

季節は冬
外に出たくないくらい
寒いけど一番収穫が多い
時期なんです
おいしいものは冬の寒い時に
作られる（言いすぎ!?）

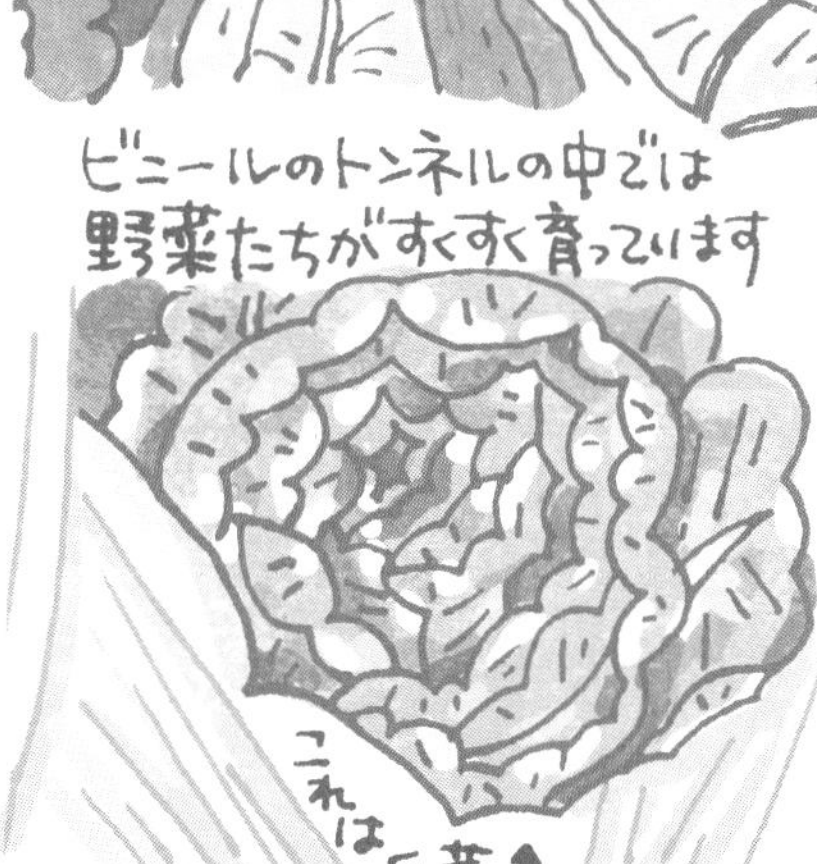

できるだけ早く農業で
自立できるように休耕
地を借りて少しずつ
畑の面積を増やして
いっています
目標は1人4反扱える
ようになること
自分たちがやれることを
少しずつ、少しずつ

月・火・水・木は農家の日
注文いただいたお客様に送る野菜を収穫します
旬野菜セットは10種類ほどですがそろえるのが大変
さてさて収穫できるかな
パープルスティックという人参
珍しい品種
さぶいー
私もメモとカメラを抱えて収穫のお手伝い
↑菜の花のような野菜、コウタイサイを収穫
ブロッコリーはまだまだ育ってもらわないと…
金・土はカフェの日
営業開始
ランチの人がポツポツとやってきます
拓洋さんは調理担当
ひかりさんはお菓子担当

一緒にお昼を
いただきましたが
HOMEMAKERS下に
あるスーパー「岡田屋」の
コロッケ
おいしかったなあ

遅いお昼ごはんを
食べ終わったら
早速出荷の作業へ

野菜を一つ一つ
愛しそうに
我が子を扱うように
収穫していく
拓洋さん

野菜の出来具合を
チェックしながら収穫の
見極め方を教えてもらう

本当に野菜を作るのが好き
なんだなあ…

作業が忙しいと
時おり買うんですって

出荷グッズ

立派な
野菜が
とれました

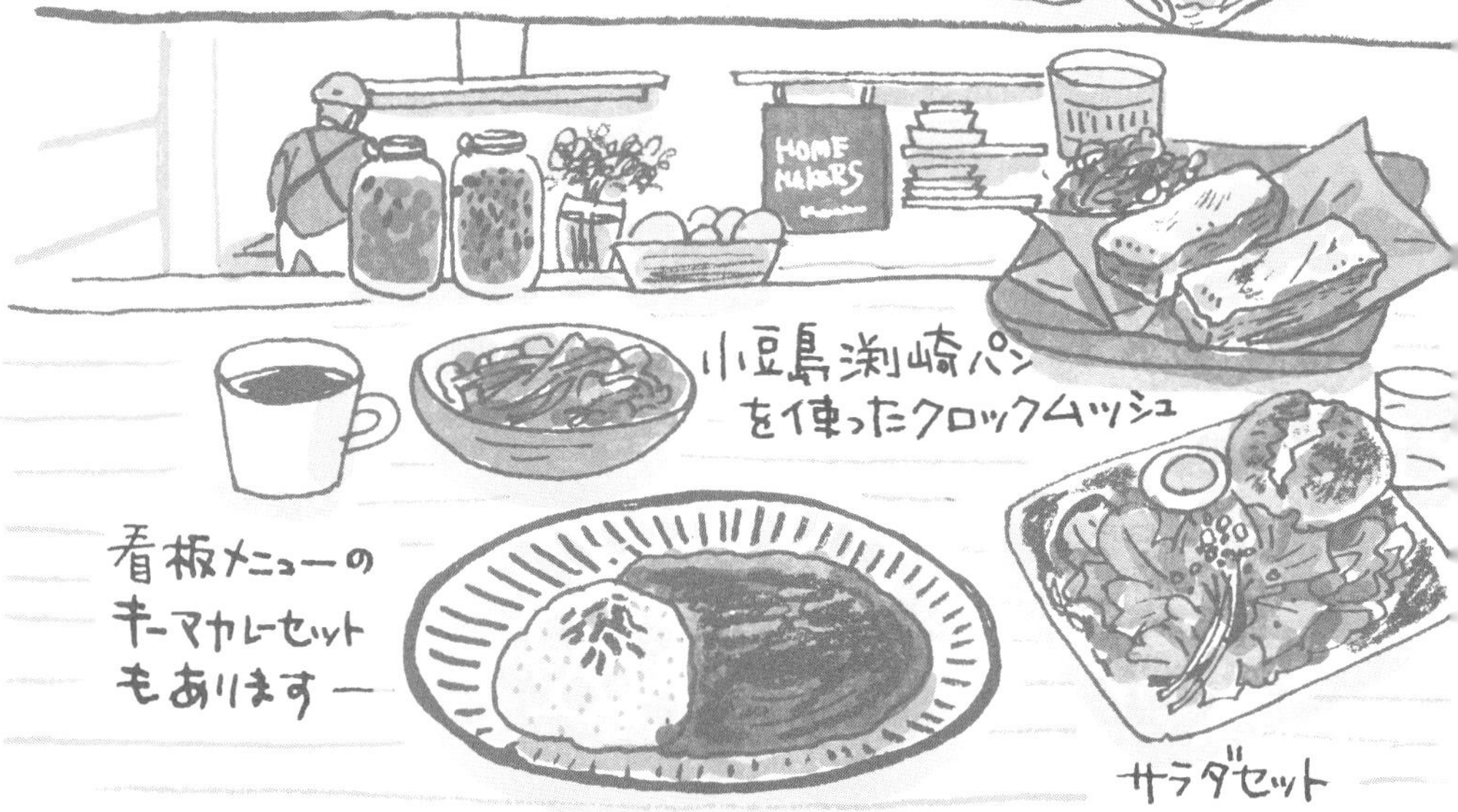

小豆島渕崎パン
を使ったクロックムッシュ

看板メニューの
キーマカレーセット
もあります―

サラダセット

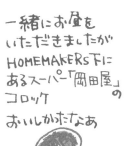

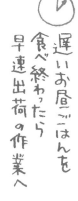

旬野菜セット完成!

全て箱に詰めて

出荷完了

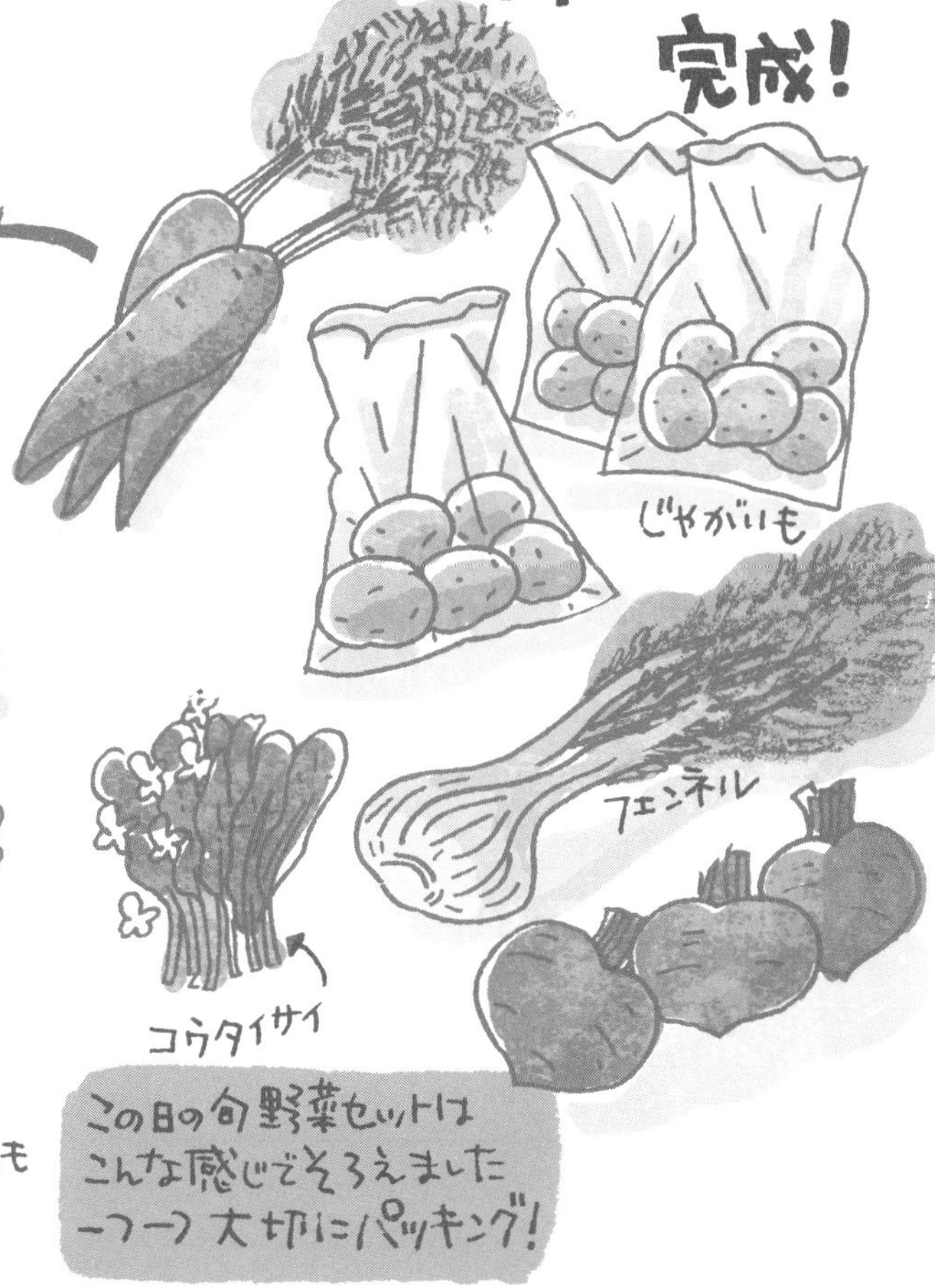

その他近所の飲食店に
卸したりカフェやスーパーにも
野菜を販売しています

この日の旬野菜セットは
こんな感じでそろえました
一つ一つ大切にパッキング!

ランチタイムはたくさんの方が
訪れるのでバタバタ!!
お客様の波もおちつくと
やっと二人のランチタイム
注文の状況を見つつ、
各自ですませます
ひかりさんだけでも大丈夫に
なったら拓洋さんは畑へ、
カフェ営業日でも畑の様子
が気になるそうです

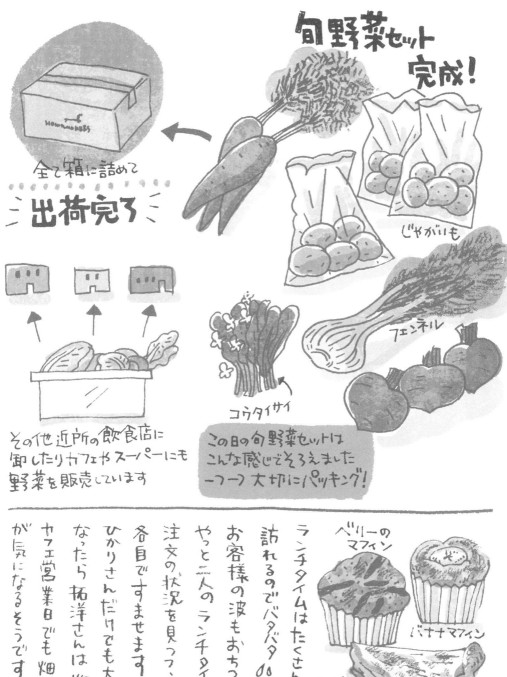

5月にある肥土山農村歌舞伎にて
親子共演を果たしました

肥土山地区は 行事が盛んなところ
二人はもっともっと地域行事に関わって
いきたいと思っています

歌舞伎を観ながら食べる割子弁当

20人前の大きな弁当箱
昔は各家庭で作って親戚や知人と演目の合間に食べていたとか
ここから「どーん」と出てくると思わず「オオッ!」と叫んでしまいます

夏には農作物の豊作を願っての虫送り行事

毎年7月2日に開催されます
「火手《ほて》」を持って田んぼのそばを列になって歩きます

なんとも幻想的な風景…
火手↑竹で作ります

島中が祭一色となる秋祭り
スゴイ迫力です

番外編
小豆島カメラ

ひかりさんが所属している「小豆島カメラ」
小豆島で暮らす7人の女性が日々の暮らしのなかで出会う景色、食べ物人々をカメラで切り取って小豆島の魅力を伝えていくプロジェクトです

愛機のオリンパスカメラで日常を写していきますよ！
小豆島カメラ 検索！

たくさんの人に食べてもらいたい

Webやイベントで野菜を買ってもらい
自分のブログで小豆島に興味を
持ってもらって実際に足を運んで
もらう、やっていることが全部つながって
いるのが本当にオモシロイ

自分たちが前にでることによって小豆島の肥土山というところでこういうんたちが野菜を作っている、と思ってくれるとうれしい

「皆に野菜を食べてもらう」
今日も明日もその次の日も
粛々と
野菜を作っていきます

ひかりさんは「コロカル」というサイト内でブログを毎週更新中　ネタに詰まったら育苗
文章が書けなくて気分転換に育苗…だそうです。

【HOMEMAKERS】

2014年2月にオープンした
週末だけ営業する
農家カフェ。月〜木は
農業を営んでいます
自分たちで作った野菜
をネットショップで販売
他、地元の飲食店、スーパーにも卸しています

住所
香川県小豆郡土庄町
肥土山甲466-1

Tel
0879-62-2727

メールアドレス
info@homemakers.jp

homemakers.jp

OBIKA KAZUMI 2

凧揚げに全国津々浦々回ります〈凧揚げ名人／木村豊一さん〉

豊島にちょっとびっくりするような大きな凧を揚げているおじさんがいる

しかも凧を持って全国行脚をしているとか!?

木村豊一さん なんと御歳 93歳

凧をたくさん置いてあるという倉庫に早速連れていってもらいました

そこにはいろいろおもしろいものが

おもちゃの数々

竹で作ったさまざまなものがくるくる動く人形や風車や…

こちらのおもちゃを使って島内にある小学校 豊島小学校に作り方を教えに行っていたそうです

ほら、こうやってな！
使い方を教えてくれる木村さん
お、スゴーイ！
学校全体を通して通っている子供は16人しかいない
少ないね…

今は生徒が少なくて教えに行くこともなくなり 凧揚げも以前はやっていたけど 今ではやらなくなってしまったそうです

もともと絵を描くのが楽しみで凧づくりを始めた木村さん 年間制作数は10～15個 凧を組みながらどんな絵を描くか考えるのが楽しみですって

ん？女性？
凧らしくないものもチラホラみえる!?

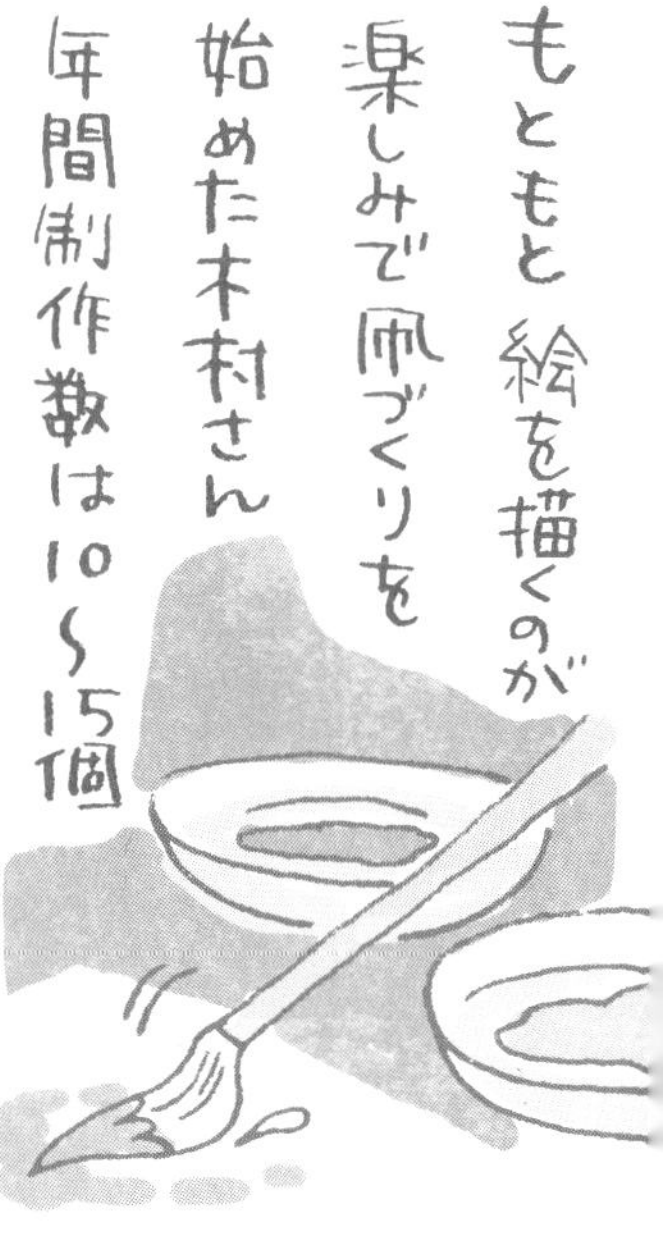

倉庫の一角、凧がたくさん…

【豊一さん制作凧コレクション】

この凧たちを持って全国を回っていたとか
韓国、中国の大会に出場された経験も

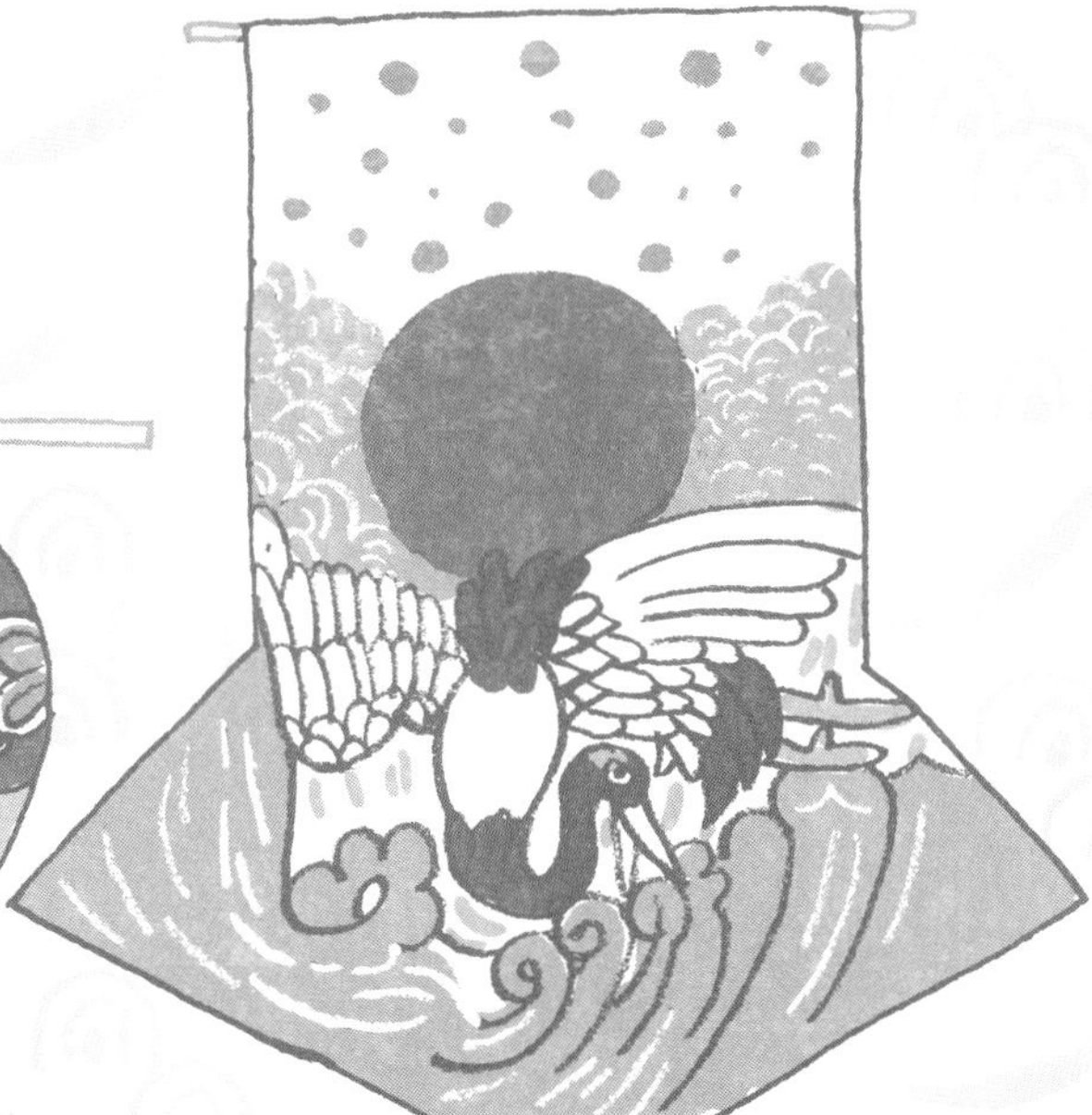

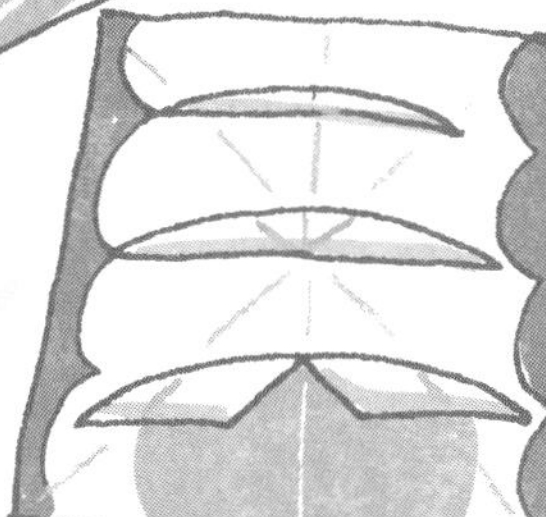

ほかけ船の
形の凧
よく飛びそう

このユニークな
形のも凧なんです

大きな凧には音がでる棒をつけます
セットして空に揚げると大きな音がします
ビニール製のテープを貼っている
迫力の大凧！豊島の家浦港に展示しています
木村さんが振ると音がするのに 私が振っても全く音がしない…
しーん
ぶるぶる
あれ？
タテ2640mm×ヨコ1640mm 大きい!!

凧作り名人 木村さん3大ポリシー

1 全部手づくり

市販品を使ってると思いきや近くの竹林から竹を取ってくるところから。竹を自分の好みの太さに削って作っている

2 顔料（油性塗料）を使う

川に落ちても凧の絵柄が落ちない
安価なのもあって他の人にもオススメするくらい気にいっている

3 シッポなし

凧だけでバランスが取れるよう何度を調整する シッポなしが木村さんのポリシー

子供の頃以来!!
凧揚げに挑戦!
走って揚げる凧やシッポをつける凧は木村さんのポリシーに反するそう
お!
お!
すっごく軽い!
木村さんに糸をつけてもらって風を待つ
ひゅうと吹き始めると命を吹きこまれたようにパッと揚がります
風にのるとあっという間に高いところに行ってしまいました
ヤッタ!
同行していた浦中さんもビックリ
わ、すごーい!!

糸を引いたりする
しぐさが手早いのは
イイダコ漁での
練習のたまもの
風がない時は
この棒に引っかけて高いところにヒョイヒョイっと連れていく
木村さんの
準備する姿
ウキウキ
楽しそう!
ヨイショ!
風を読んだら
サッと凧を揚げてしまう
さすが凧揚げ名人
お手製の
糸まき
風がなくなると当然のごとく落ちてきます 飛んだ距離分の糸は引っかかったりからまないように丁寧に戻していきます 糸に「ダマ」ができないよう糸巻きの方からでなく凧の方からたぐりよせるのが上手に糸まきに戻すコツだそうです
あらら
凧の方から
からまない
よう注意
深く巻きとる
一度「ダマ」が
できると
修理が大変

定年退職を機に本格的に
凧作りを始めた木村さん
それまでは岡山にある会社に
豊島から毎日船で通う日々

子供が寝ている間に
起きて船で会社に行き
子供が寝静まってから
船で帰宅する毎日
「うちにお父さんはいるの?」
と聞かれたこともあるとか

船の待ち時間が惜しくて
自分で船の設計図を引いて船を
作ってもらったこともあるとか
だから凧作りもお手のものなんですね

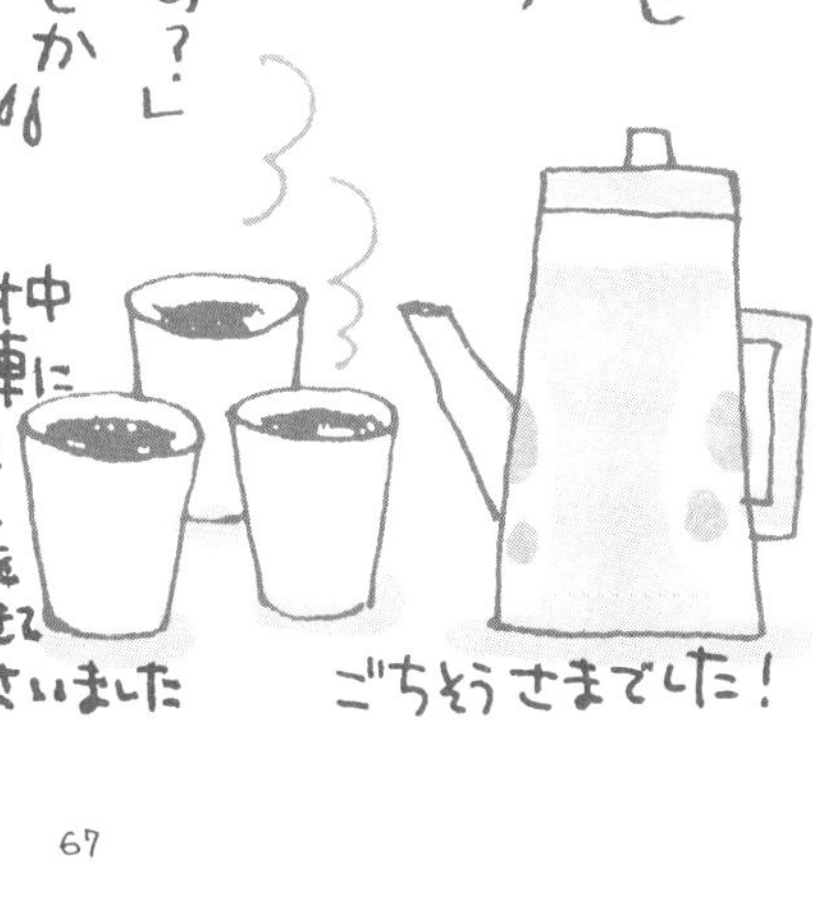

凧揚げ大会となると
あちこち声をかけられた
木村さん

木村さんの愛車
この車でどこでも行ったなあー 九州まで夜通し走らせたこともあるよ

愛車に凧をたくさん
積んで全国津々浦々
どこにでも走っていった
とか

中国や韓国にも招待されて
大会に参加したことも
「交流を深めるため20～30個
凧を用意して参加者
たちと交換したことも
良い思い出」と木村さん

交換する凧は武者絵が一番人気

中国の凧
韓国の凧
穴が開いている

カラフルな凧たち。凧にもお国柄がでますね…

さすがにお年を召されて
車で大会に出かけることは
なくなってしまったそう 今でも意
欲的に凧を作っては海の近くや
棚田で飛ばしているそうです

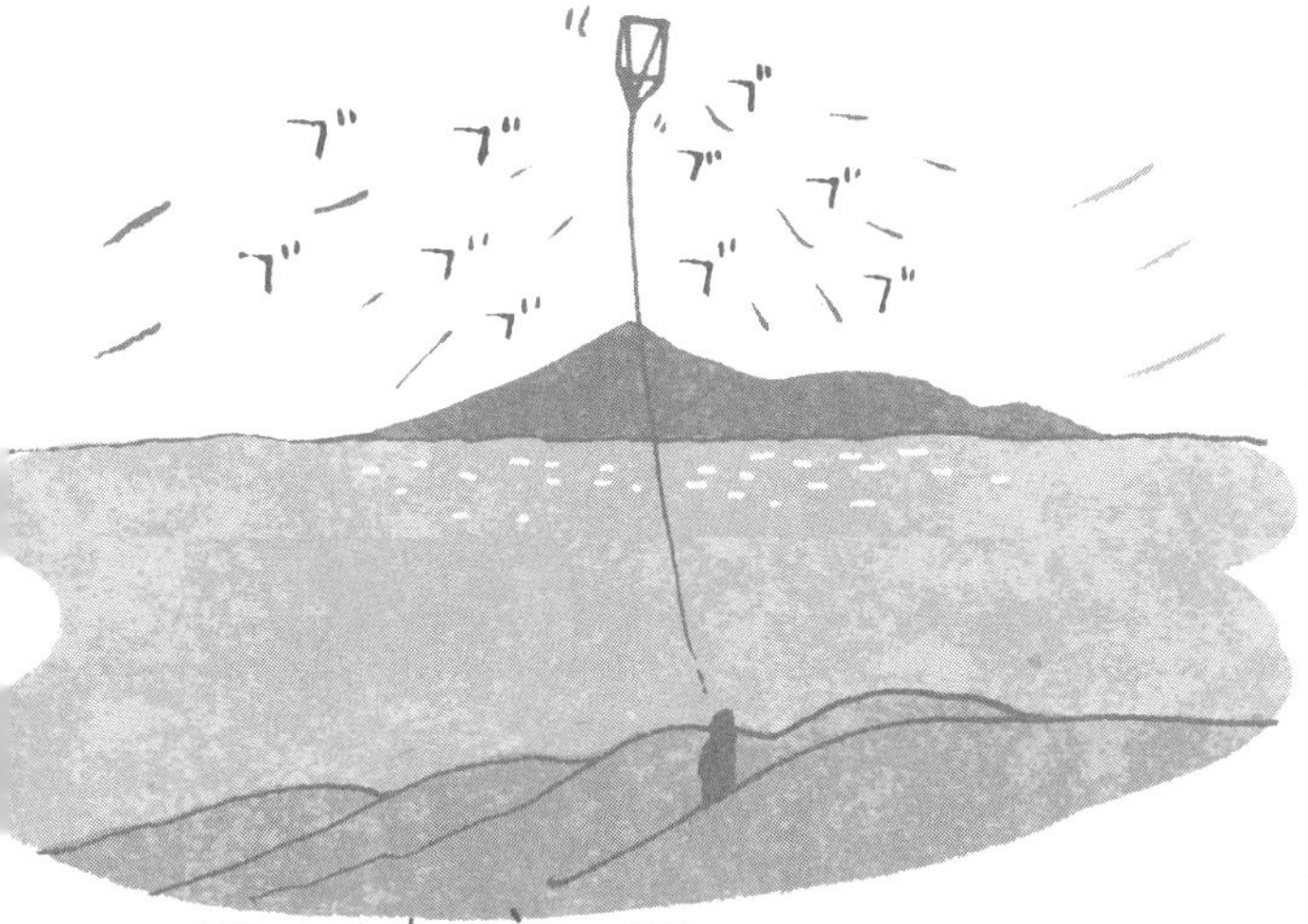
ブ ブ ブ ブ ブ ブ ブ ブ ブ

大凧は大きな音がするので
人がすぐ集まってくるんですって! 一度見てみたい!!

海の風が
良いから
今から凧を
揚げに行こう!
誘ってもらえるなんて
イイなー!

同行していた
浦中さんは豊島に
住んでいるのもあって
取材以来よく誘われる
とか

あなたも旅行中偶然
見かけることがあるかも
しれませんよ
私もぜひ遭遇したい!

【凧揚げ名人 木村さん】
豊島でも名物になって
いる木村さんの凧揚げ
天気が良くて良い風が
吹いている時は 豊島
美術館上の棚田、甲《こう》生
の海岸でよく凧を揚げ
ているそうです
家浦港にて凧を数点
展示中、特に大凧は
圧巻です

住所
香川県小豆郡土庄町
豊島家浦3841-21
Tel
0879-68-2150
豊島交流センター

島のあらゆる道具を直します〈ヒラサカ／今井浩えさん〉

島内では そうめん、オリーブ、醤油、佃煮と各産業ごとに専門の修理 業者がいます
その中のひとつ、そうめんの機械を直している鉄工所「ヒラサカ」さんを訪ねました

修理業者の中では最年少
小豆島の今後を担う
期待のホープ

「ヒラサカ」
今井浩えさん

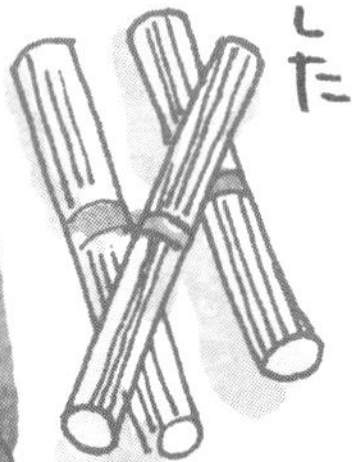

「ヒラサカ」さんの請負業務は8割がそうめんの機具修理とメンテナンス
残りは農機具などもろもろ
なんでも直す彼の腕前を見て島の友人たちは尊敬の念を込めて「ゴッドハンド今井」と呼んでいます

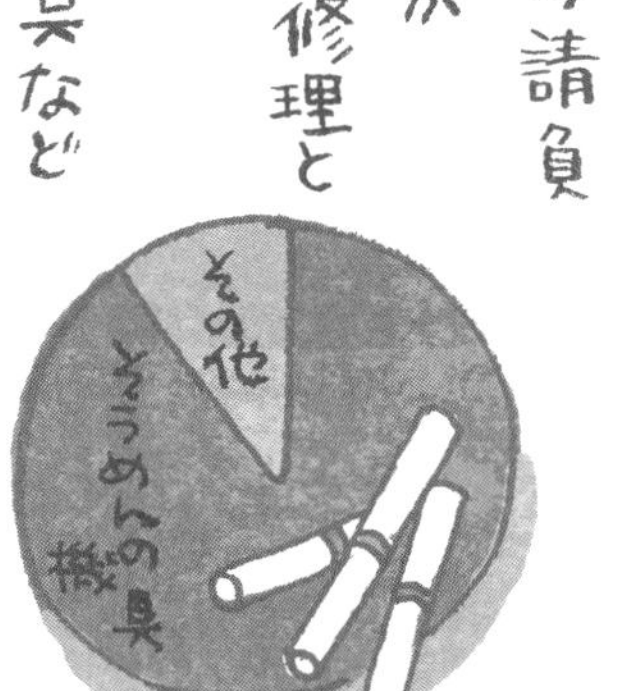
その他
そうめんの機具

給湯器が壊れたよ〜助けてイマイさん!!
ハハハすぐに行くわ
イマイさーん！
ストーブ分解して戻せなくなった
えっコレも？
動かなくなったオモチャも直したとか

早速工場内を案内してもらいます

一見するとゴミの山（失礼！）
にしか見えないですが
今井さんの説明を受けている
うちに必要な部品がわかってきて
だんだん宝の山に見えてきた
ような（笑）

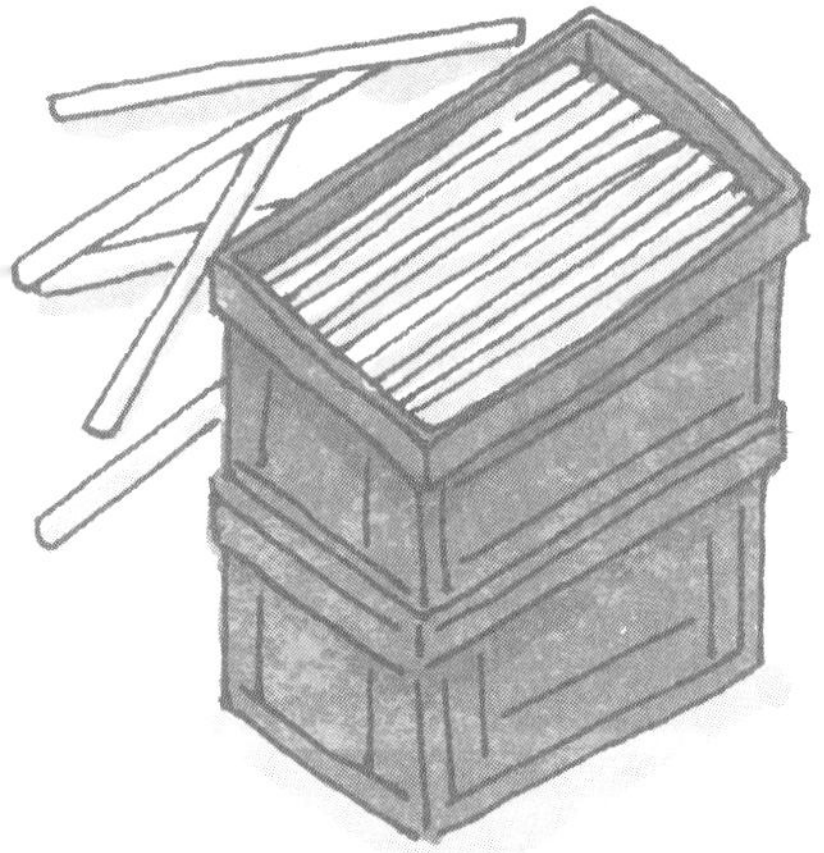

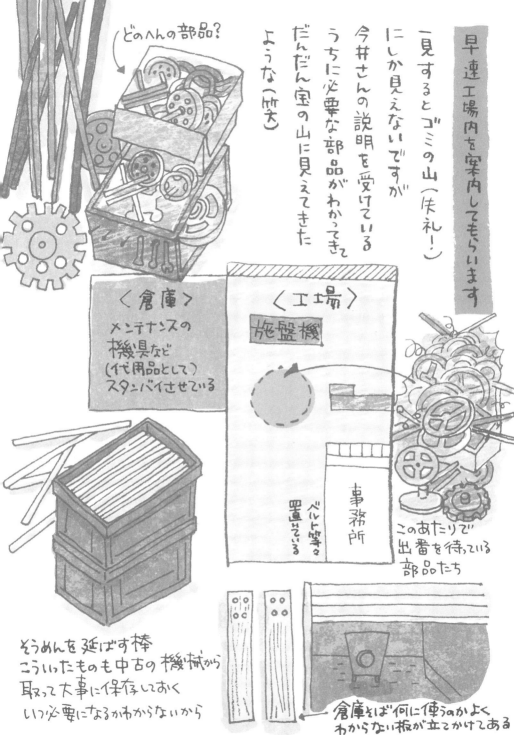

夏はメンテナンスの季節

そうめんは冬に作られます
夏になると製造終了と
なるので機械のメンテナンスのため
この工場にぞくぞくと
そうめんの機械が入ってきます

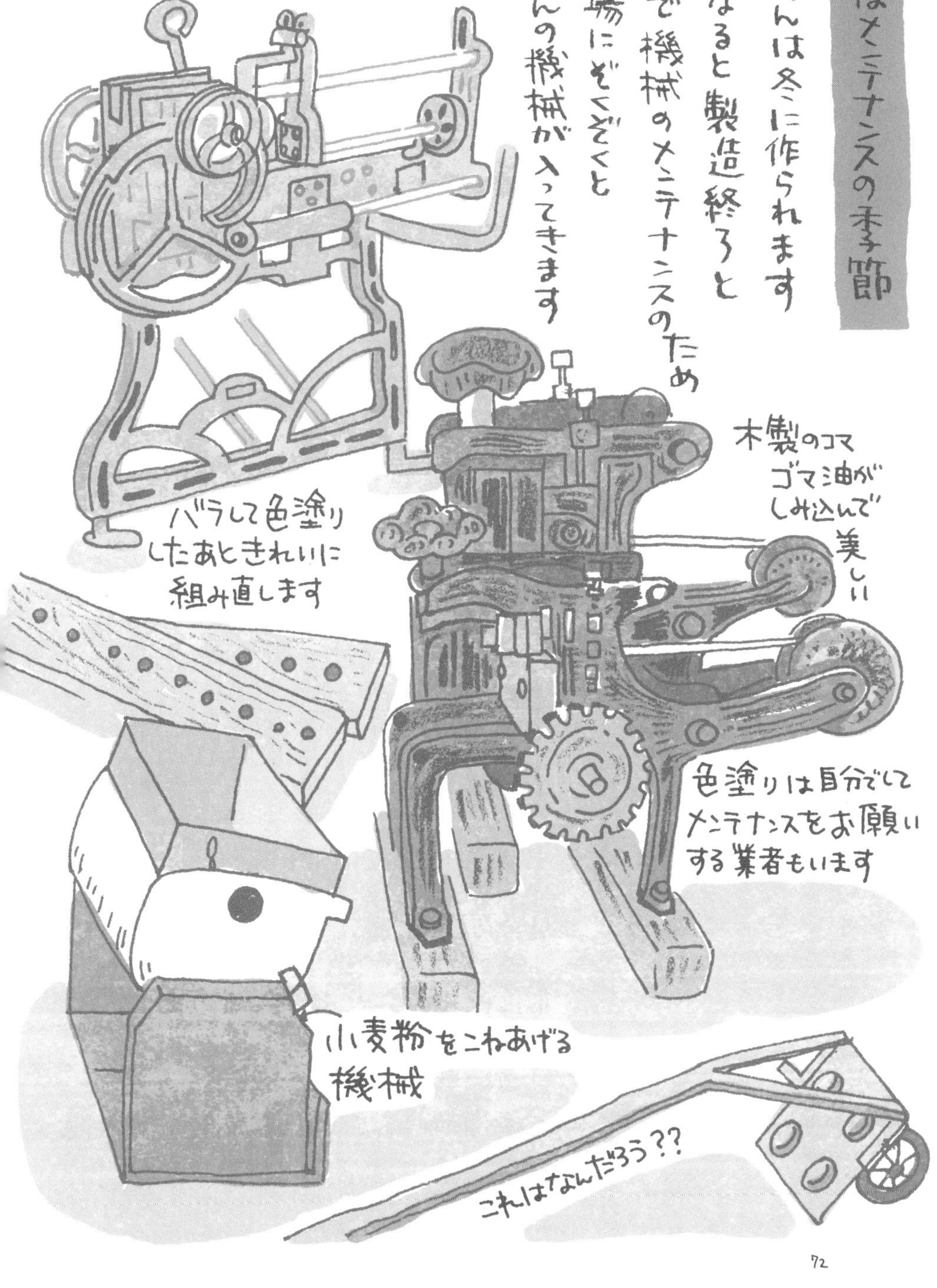

廃業した業者から中古が
手に入るとそれをひとつひとつ
ばらして手入れします
バブルの頃はそうめんを作っても
作っても売れるのでそうめん屋
さんも設備投資していました
景気が悪くなってくるとそうめん
も売れなくなる、そのため
機械も販売店もどんどん
少なくなり
今では販売も修理も行うのは
「ヒラサカ」さんともう一軒だけ
しか残っていないそうです

そうめんを延ばす棒ひとつおろそかにしない
キレイに手入れをして次の出番を待つ
あ！コレはあのあたりにあるかも…
一見雑然としている工場内ですが今井さんはどの辺になにがあるか把握しているそう

今井さんのコト

今井家はおじいさんが
造船をやめて鉄工所
を始めました

中学生の時にはすでに
機械をバラして
お手伝いをしていたとか

その後 高専に進み
島外のメーカーに5年
勤めたあと
実家の工場に戻り
ました

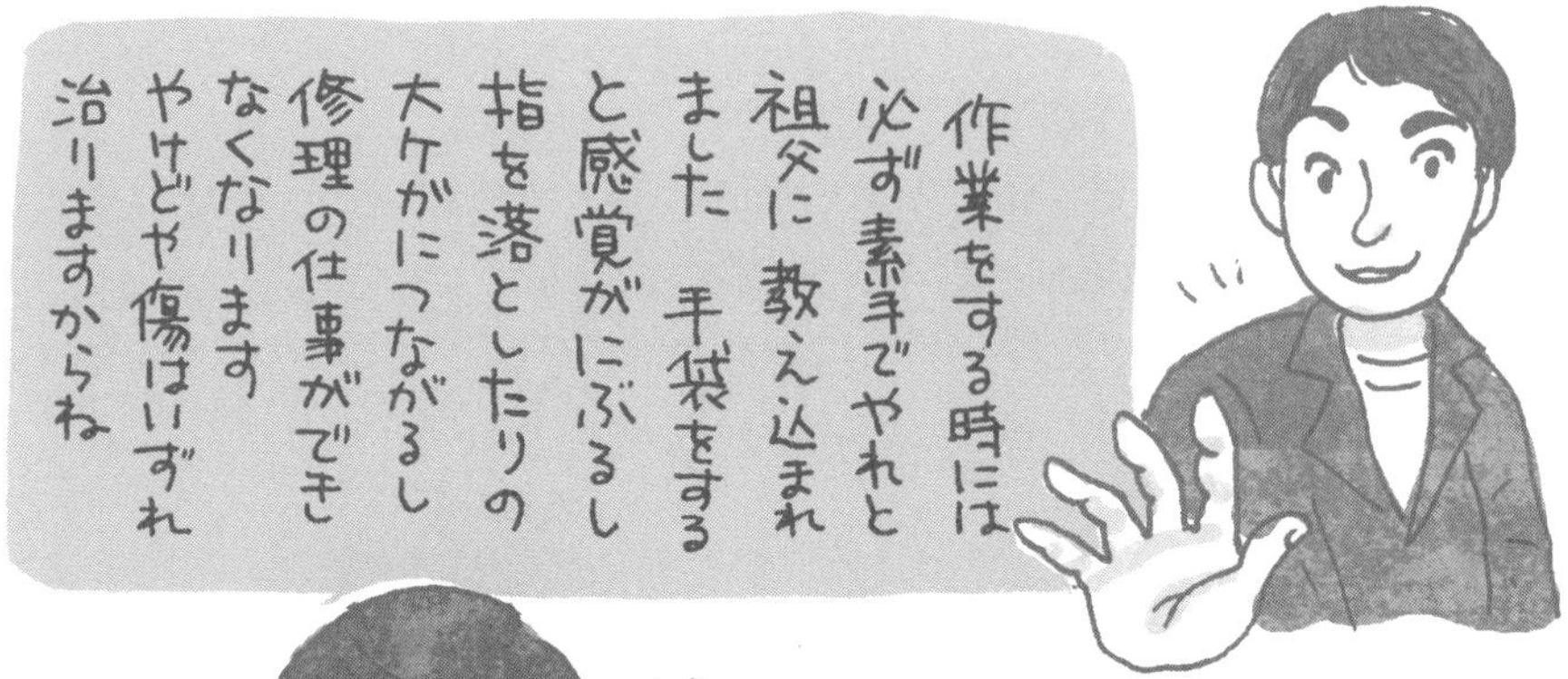
作業をする時には
必ず素手でやれと
祖父に教え込まれ
ました 手袋をする
と感覚がにぶるし
指を落としたりの
大ケガにつながるし
修理の仕事ができ
なくなります
やけどや傷はいずれ
治りますからね

測量メーカーにいたためやめてからも
声がかかるそうで小豆島だけでなく
外から（島外）からも 仕事の依頼が
あるのが今井さんの強みです
目下の悩みは島に若い人がいないこと

ひとつひとつ丁寧に説明を
してくれる今井さん34歳！

ないものは作っちゃう!

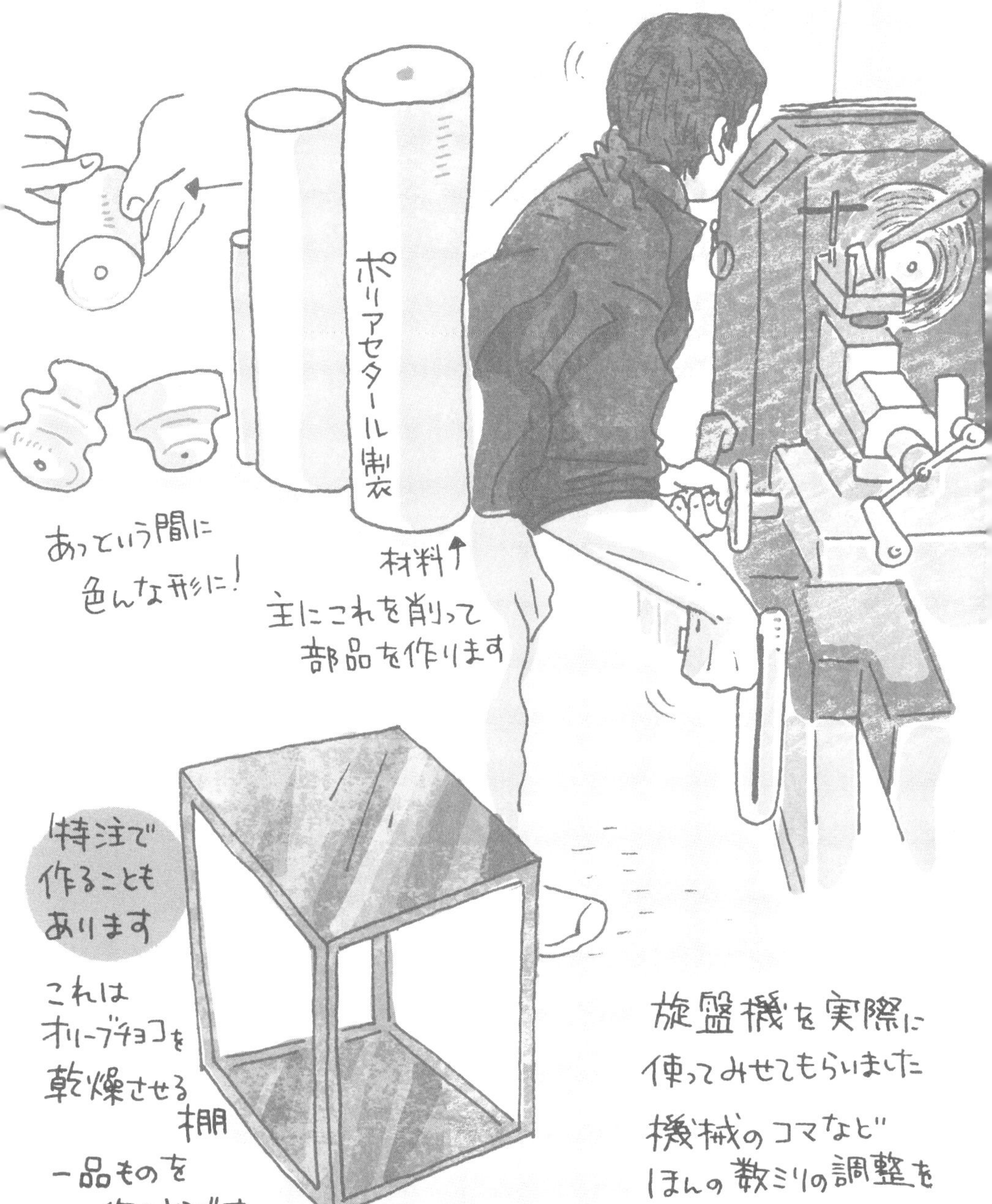
ポリアセタール製
材料↑
主にこれを削って
部品を作ります
あっという間に
色んな形に!
特注で
作ることも
あります
これは
オリーブチョコを
乾燥させる
棚
一品ものを
よく作るそうです
旋盤機を実際に
使ってみせてもらいました
機械のコマなど
ほんの数ミリの調整を
これで行います

そうめんの作り方

昔は手延べで作っていたそうめんも人の手がかかる作業を機械化することによって製造効率化をはかることができました

今井さんが修理している機械がどの工程で使われているものなのか作り方を追いながらご覧ください
そうめん、たくさんの手間がかかっていますよ

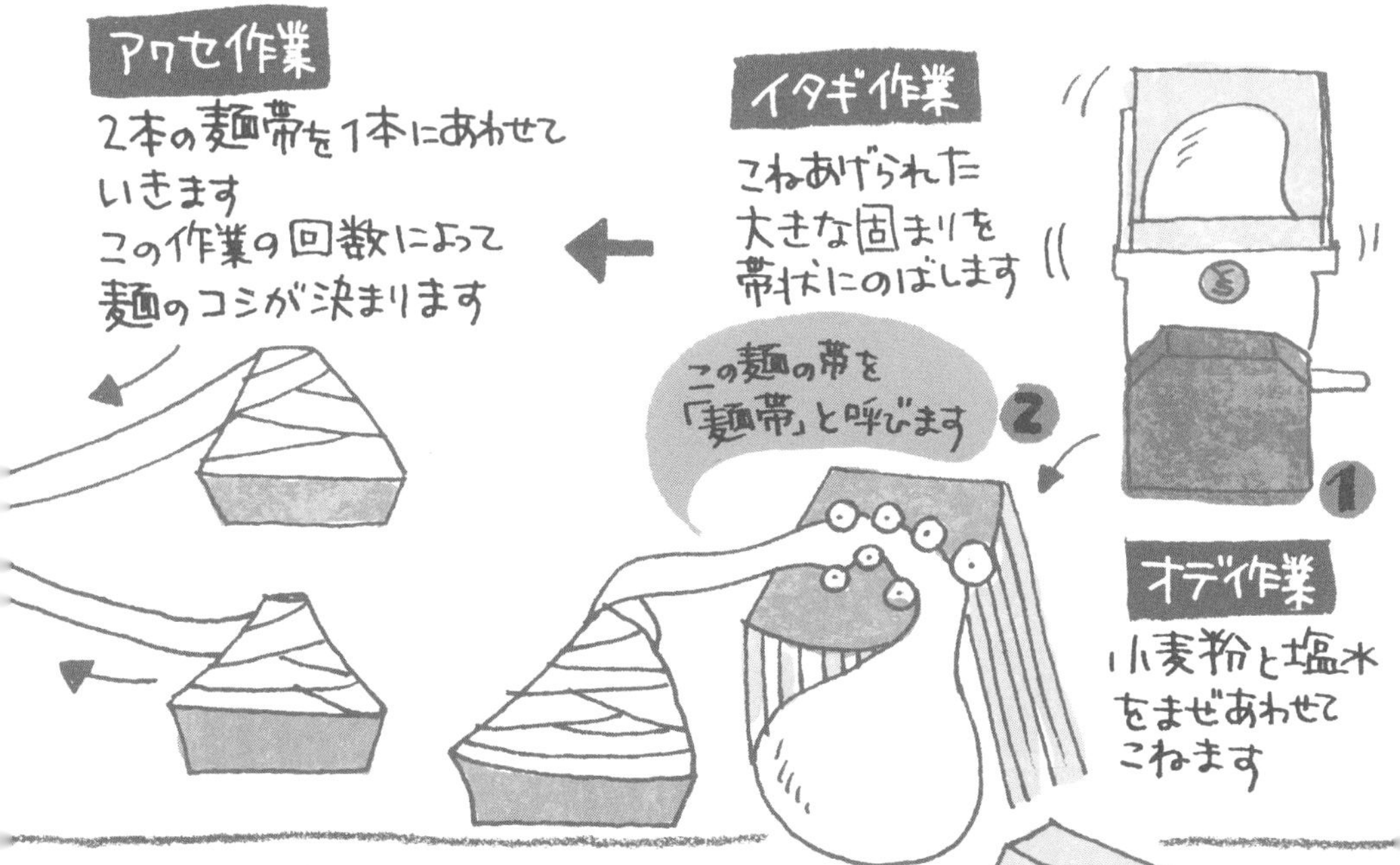

そうめん製造が盛んに
なる時期は冬
寒くなるにつれそうめん
製造業者の起床時
間はだんだん早くなり
最盛期には午前3時
から製造を始めるとか

きちんとメンテナンスをして
いても故障するときは
故障します
ひとつ機械が止まってしまう
とその日の材料が
全部ダメになって
しまいます

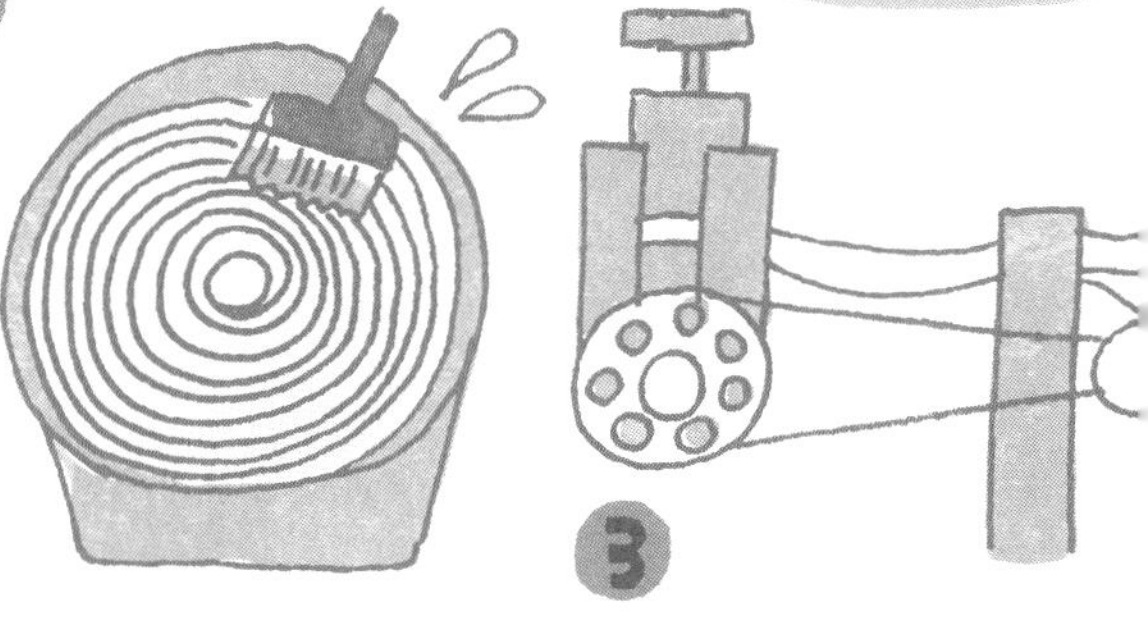

アブラ返し

酸化を防止し、風味を保つ
ため 小豆島ではゴマ油を
使います

〈協力/真砂喜之助製麺所〉

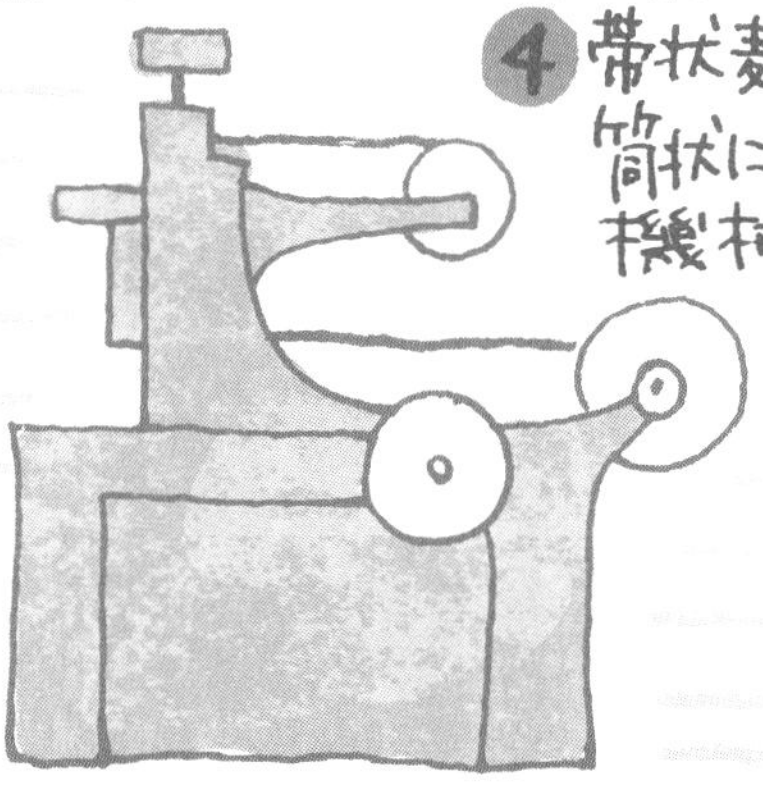

4 帯状麺を筒状にする機械

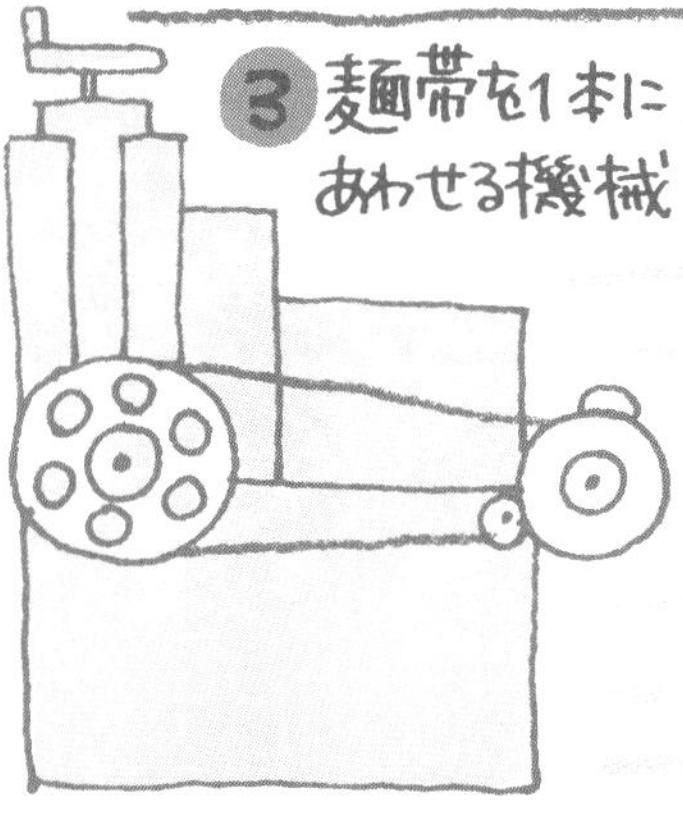

3 麺帯を1本にあわせる機械

そんな時は今井さんの出番です

眠いなんて言ってられません急いで直しに行かないと!

手早く直して 直らなければ代替機を用意する

島ではなくてはならない大事な人なのです

箸分け作業のあと天日干し

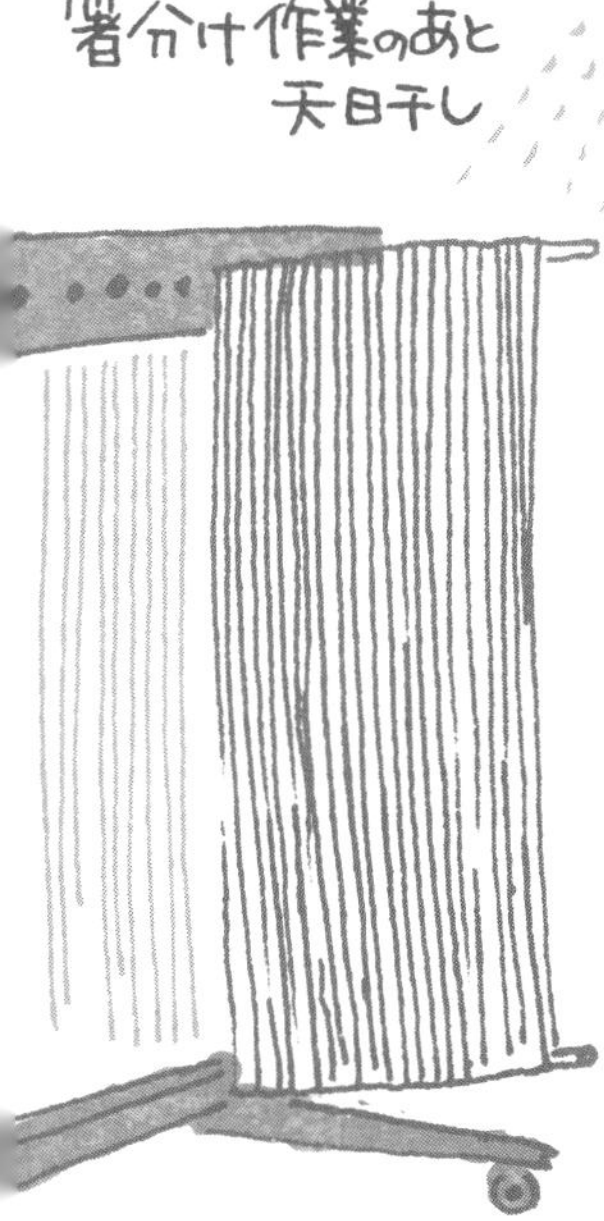

こびき作業

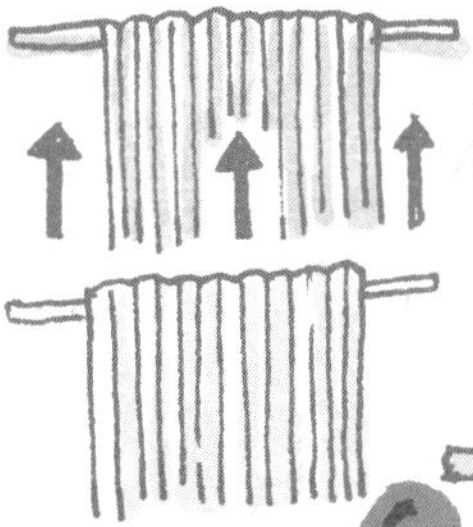

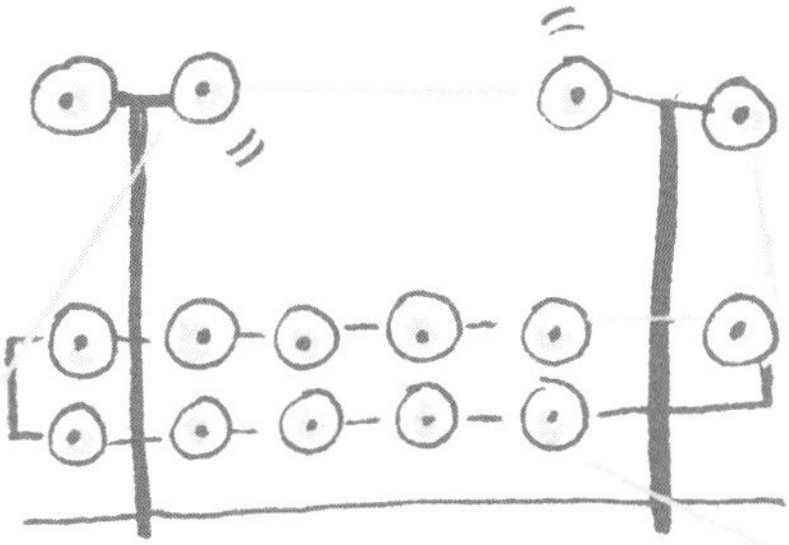

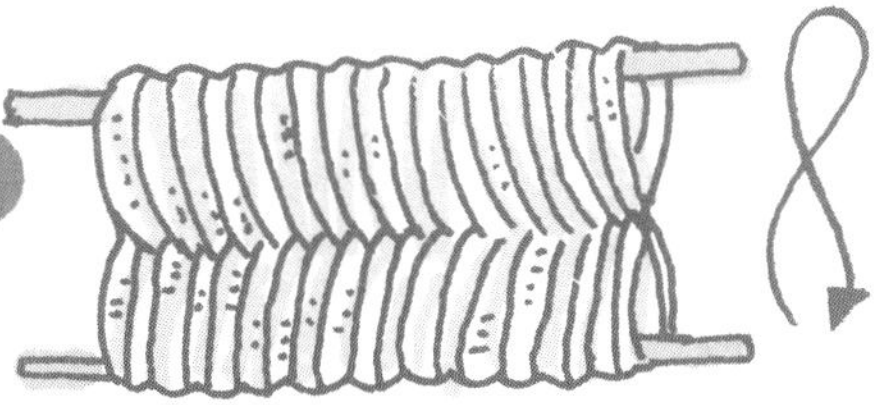
8の字

6

寝かせたあと機械で徐々に引っぱりあげながらのばします

5

カケバ作業

細くなった麺にねじれを掛け2本の棒へ8の字に引っ掛けていきます

6 2本の棒にかかった麺をのばす機械 これが壊れると自分でやるとか…

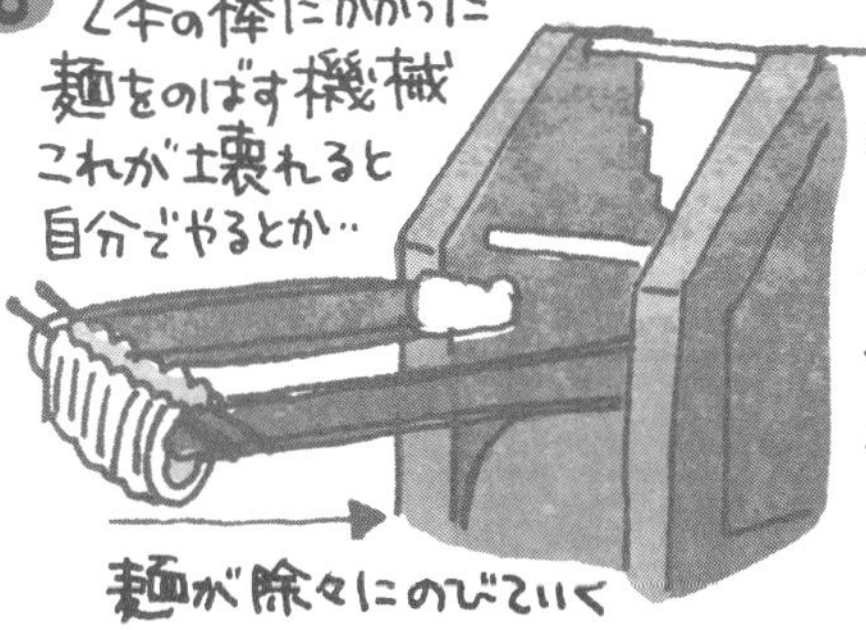
麺が除々にのびていく

5

はた織り機のように2本の棒に麺をかける機械

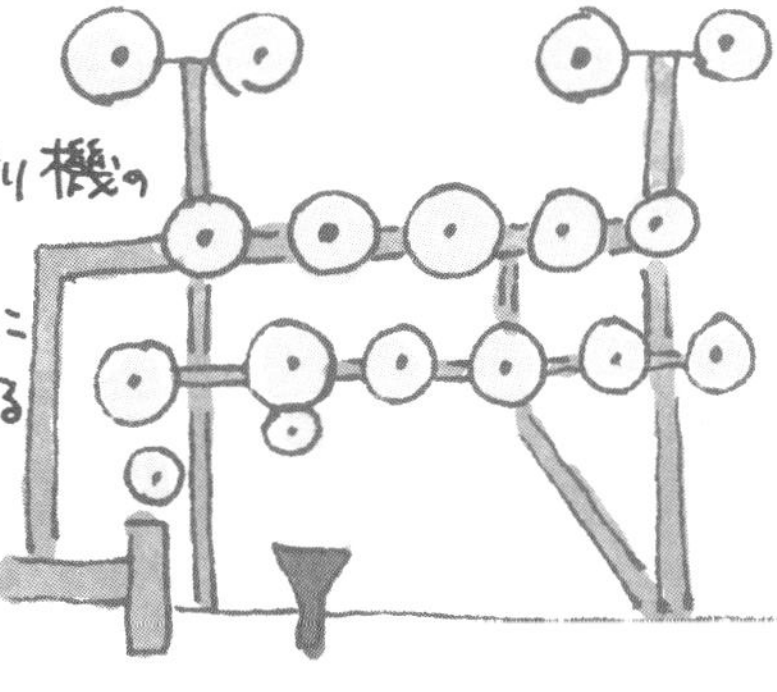

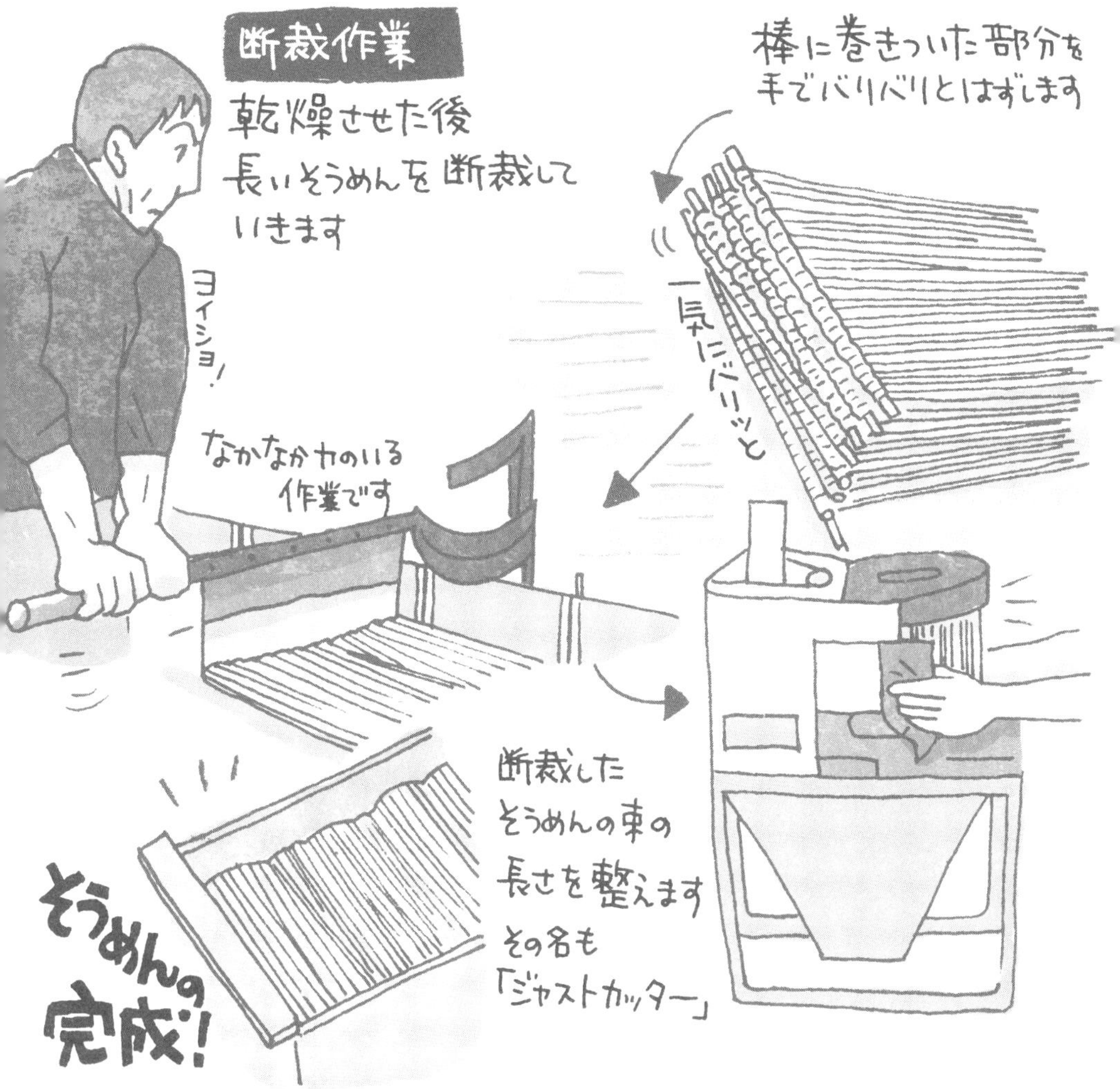

【株式会社ヒラサカ】

そうめんの機械の販売修理を請け負っています
中古の機械も取り扱っています

住所
香川県小豆郡小豆島町池田3455-1

Tel
0879-75-0876

【真砂喜之助製麺所】

代々続いている老舗のそうめん屋さん リニューアルしたパッケージが好評で各地で販売しています

住所
香川県小豆郡小豆島町池田2484-2

Tel
0879-75-0373

ウェブサイト
www.kinosuke.net

小豆島産いちごにこだわります〈いちご農家／藤原充浩さん〉

全国生産でも1％しか作っていないといういちご「女峰」程よい酸味が絶妙で好きな品種です

小豆島で作られているのは以前から聞いていましたが改めてお話を聞きたいと思い藤原さんを訪ねました

いちごはハウスで作られる農作物です

藤原さんのハウスは「蒲野《かまの》」という地区にあります

同じ敷地に何人かと一緒にハウスを建てています

苗が宙に浮いてる！

小豆島では高設栽培システムを採用

実が土につかず衛生的、日陰になる部分が少ないので色むらがないとか充分に熟して実を出荷できます

いちごに限らず農作物栽培は病気害虫との戦いです

いちごの病気は遺伝するのでそうならないよう注意深くチェックしていきます

苗全体に日光をまんべんなく当てないと
育たない・色よくできません

病気を防ぐため
適切な数の花
葉っぱになるよう
整えます
たくさん
実がついていても
大きさをそろえる
ため泣く泣く
間引き…
温度の管理はもちろん
養分・水分も
コンピュータ管理

ハウス内では葉の面積を
そろえる葉かぎ作業をもくもくと
やっていきます コレばっかりは
人間が手を入れないと
質の良いいちごができません

最後のレーンまで作業が
終わった頃には
最初に葉かぎ作業したレーンの
葉が再び増えて元通り…と
いうこともザラ 収穫が終わるまでは
エンドレスな作業… 本当に
大変です!!

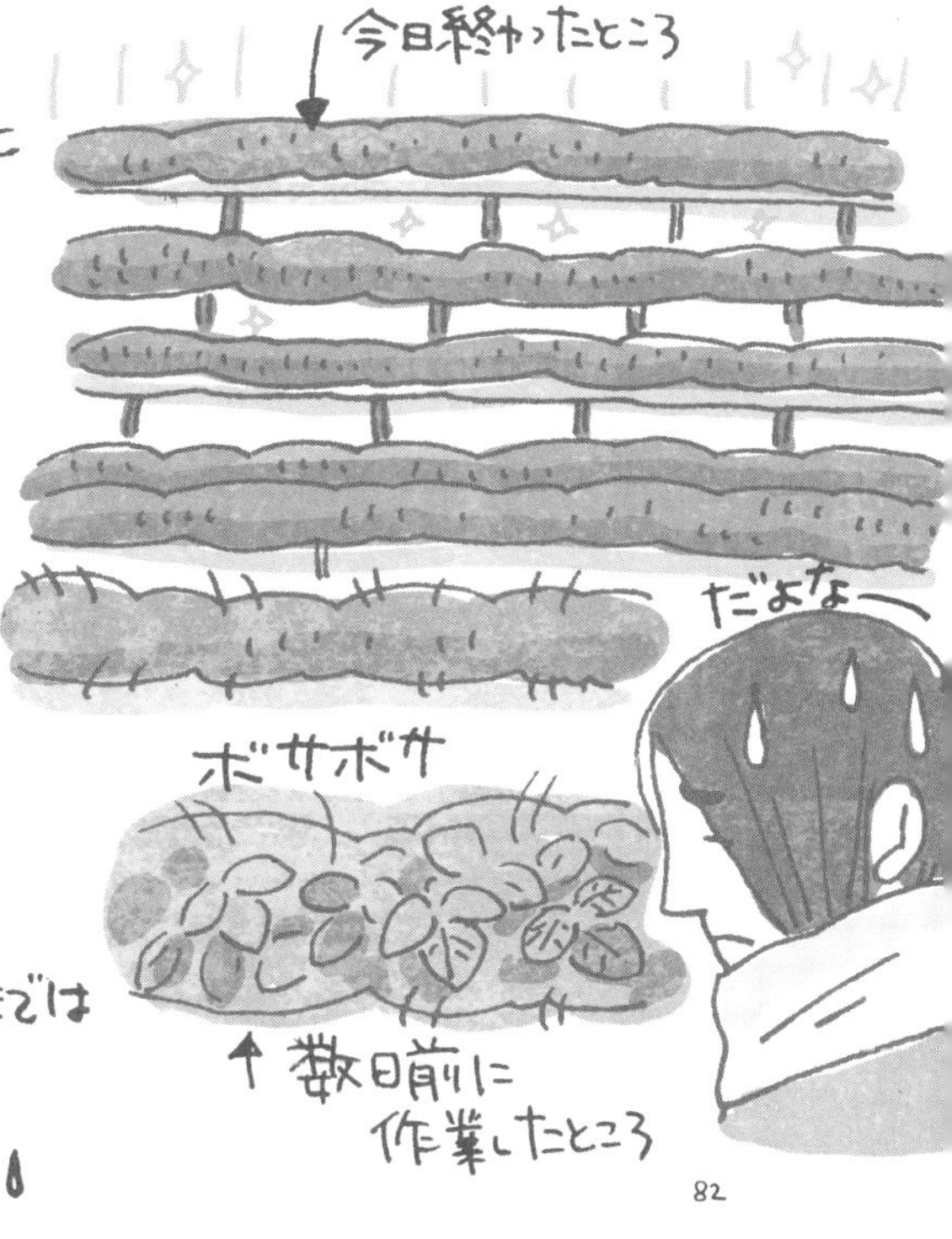
今日終わったところ
だよな〜
ボサボサ
数日前に
作業したところ

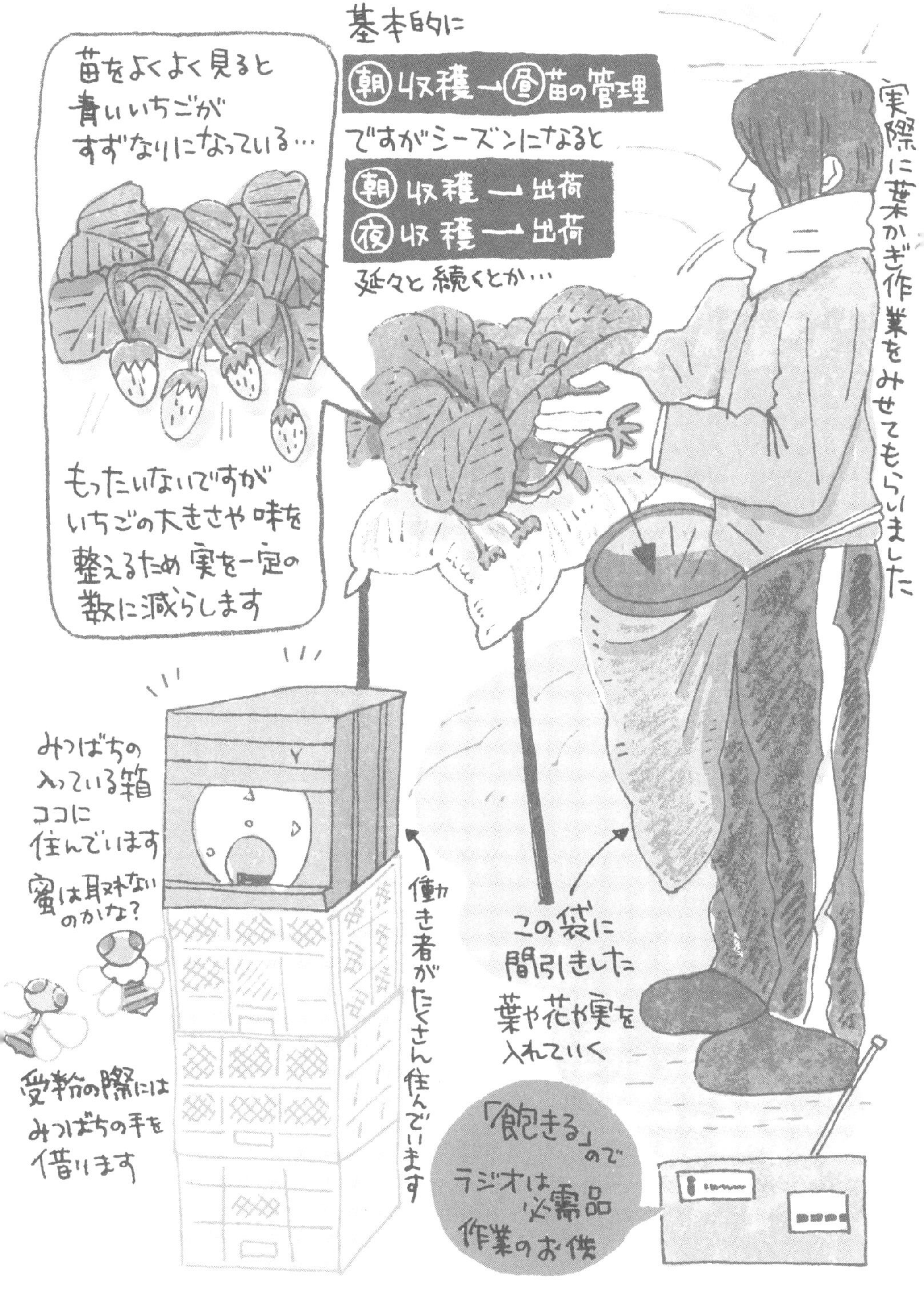
基本的に
朝 収穫→昼 苗の管理
ですがシーズンになると
朝 収穫→出荷
夜 収穫→出荷
延々と続くとか…
実際に葉かぎ作業をみせてもらいました
苗をよくよく見ると
青いいちごが
すずなりになっている…
もったいないですが
いちごの大きさや味を
整えるため実を一定の
数に減らします
みつばちの
入っている箱
ココに
住んでいます
蜜は取れない
のかな?
働き者がたくさん住んでいます
この袋に
間引きした
葉や花や実を
入れていく
受粉の際には
みつばちの手を
借ります
「飽きる」ので
ラジオは必需品
作業のお供

JAに入って「いちご」をやる意義

初めて藤原さんにお会いした時にビックリしたのは「JAに入って農業をやっていること」

「個人でやっていきたい」「一人で独立してやっていきたい」と思う若者も多いなか何故？

小豆島でいちご栽培が始まったのは30年ほど前

たった数名から始めたいちご栽培を「産地」と言われるまでに成長させました

JAの「いちご部会」に所属しています
エッ

藤原さんのご両親もいちごを栽培している農家です

小豆島いちご部会を作った主要なメンバーのひとり

藤原さんのご両親

その懸命な姿をみながら育った藤原さん、いちご栽培に人一倍想いがあります

「いちごを育てよう」と自ら思った時にJAに属することは自然の流れだったのではないでしょうか

両親もJAにお世話になりました！
皆が培ってきたものを皆で一緒に次に引き継いでいくのはとても大事ですよね 僕たちが引き継ぐことによって先輩方への恩返しになるのではないでしょうか

なんと素晴らしい!!

いちごは栽培の難しい農作物です いちご部会という組織から「いちご」を出荷するからには、同じ味、品質に均一化させ、かつ出荷量を安定させなければいけません そのため皆で情報共有をすることはとてもとても大切なことなのです

天敵を利用して減農薬栽培

フェロモントラップ

農薬についても常に皆で意見交換しつつできるだけ少ない回数で済むように取り組んでいます

さらにおいしいいちごを! 定期的に皆で勉強会をして情報をアップデート!

この小さな一粒に皆さんの努力がつまっているのですね
いとおしい…

そんな義理堅い
藤原さん、音楽好き
が高じて高校卒業後
音楽学校に行くも挫折
島に戻り 研修期間を経
ていちご農家としてスタート
一度やめて島外の花屋に
二年間勤務したことも
その時の経験は今に活きて
いるそうです

このままいちご栽培
だけをやっていていいの
だろうかと自問自答
して ぱっと転身!
花屋の店員に
本当に
良い経験
でした

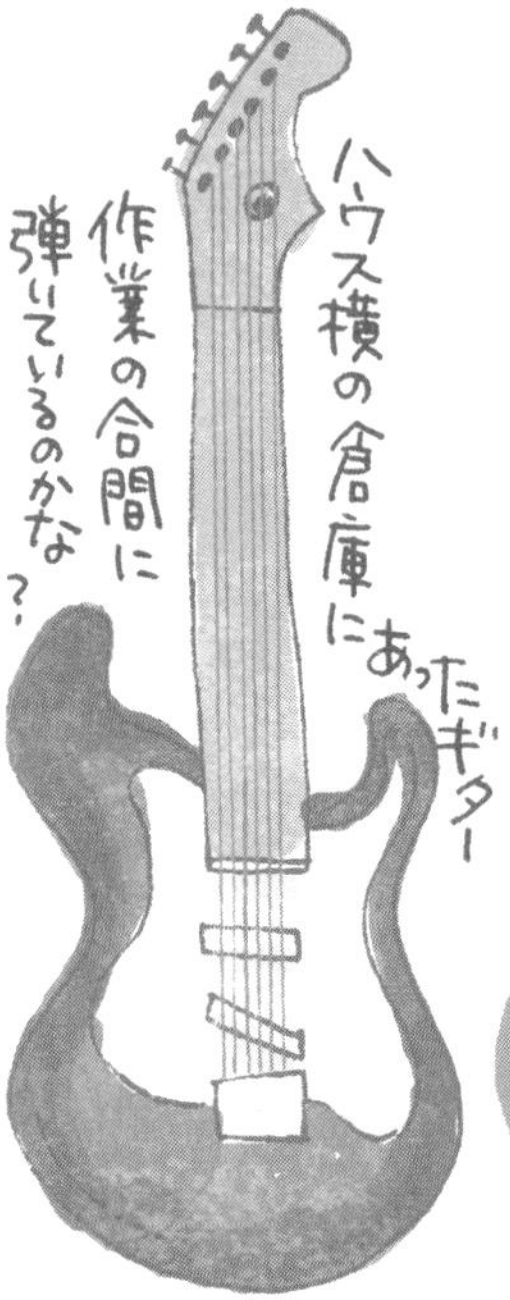
ハウス横の倉庫にあったギター
作業の合間に
弾いているのかな?

いちごは食べていける農業です

小豆島はオリーブが
有名だし栽培も
奨励していますが
なんせたくさんの
土地が必要です

一方でいちごは
オリーブ畑よりかなり
少ない面積で栽培
できる上 収益が高い

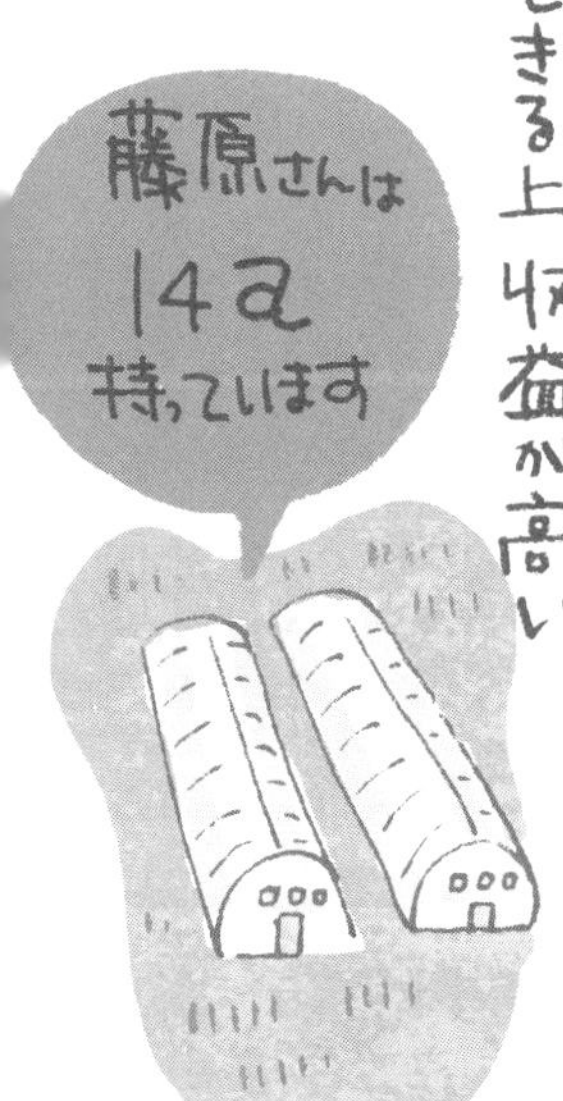
藤原さんは
14a
持っています

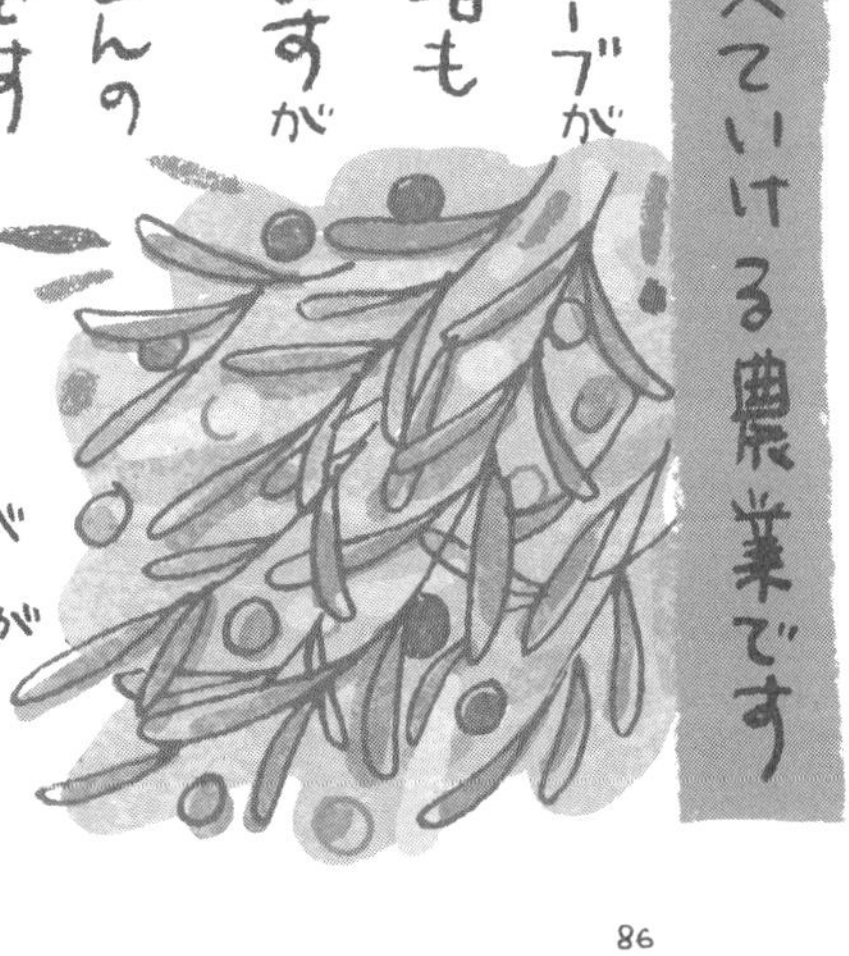

小豆島で農業といえば
やはり「オリーブ」ですが
島なので土地の面積が
限られてきますよね…

藤原さんは現在新婚さん
近々奥さんも一緒にやる予定
なので作付け面積を増やす
計画を立てています

花屋さんに勤めていたのもあってハウス外で
色々育苗しているようです ハーブ系が多いのかな

奥様の
美香さん

奥さんも自分の仕事の
お休みの日は収穫や
育苗のお手伝い

ハウス脇で作っている野菜

11月下旬から始まった収穫も6月で終了
苗を片づけていきます

片づけが終わったら
しばし休憩かな?と思いきや

終わったら苗を抜いていきます

苗の下にべろーんと
ナイアガラ育苗と言います
収穫作業をやりながら育苗用に準備をする次の苗
苗をこの中に植えて根を生やしていく
スタンバイ
OK!
早速次のシーズンに向けて着々と準備をしていくそうです
↑すくすくトレイ35穴用
＼なんてカワイイネーミング!／
いちご栽培が本当に楽しくて仕方がない様子
また、栽培の合間をぬって小豆島の「いちご」をひとりでも多くの人に知ってもらうため普及活動を行っています

生のいちごだけでなく
加工品も

ケーキやプリン
アイスやジャム
など

地元の企業や
飲食店で
さまざまな
加工品が
作られて
います

なんと パスタまで!!

島の名産にしたい作物です

直販所で
いちごPRのイベントを
定期的に開催

島で開催される
小豆島オリーブ
マラソンに
毎年参加

いちごのカブリもの
カワイイです…

↑イベント時の扮装

若手いちご農家9名で結成されたグループ
「苺一会（いちごいちえ）」を中心に
小豆島の「いちご」を知ってもらおうと日々奮闘中

【小豆島いちご部会】

小豆島、豊島の30軒の
いちご生産者で組織、
栽培品種は「女峰」のみ
秋より定植が始まり
11月下旬より関西地方を
中心に出荷開始。
地元のスーパー、産直でも
取り扱っています
小豆島の「いちご」は県内
外で好評を博しています

住所
香川県小豆郡
土庄町甲290-1
JA小豆地区
営農センター

旨いオリーブはこうしてできる〈山田オリーブ園／山田さん一家〉

小豆島の美しい海を一望できる
ロケーションに山田さん一家は住んでいます

山田さんは農業をやりたくて
奥さんの実家のある小豆島に2010年に移住。
有機栽培でオリーブを育てています

ゆうたろうくん
山田典章さん
いづみさん

山田さんといえば
「上村」のオリーブ畑
山田オリーブ園の応接間の役割を
担っています
この畑を見れば
山田さんの考えていることが
分かります
芝がふかふかで気もちいい!
オリーブ畑といえば
あまり木の下に草が
生えていない
ところが多い
ような
よくよく見ると
オリーブの木の回りだけ
土が丸見えになっています
全面芝を植えないのは何故?
それは
オリーブアナアキ
ゾウムシ対策です

オリーブ農家を悩ませる
最大の敵は
「オリーブアナアキゾウムシ」
天敵がいないとされているので
一番やっかいな害虫
木の根元に何もないと
見つけやすいので
こんな風にしているんですって

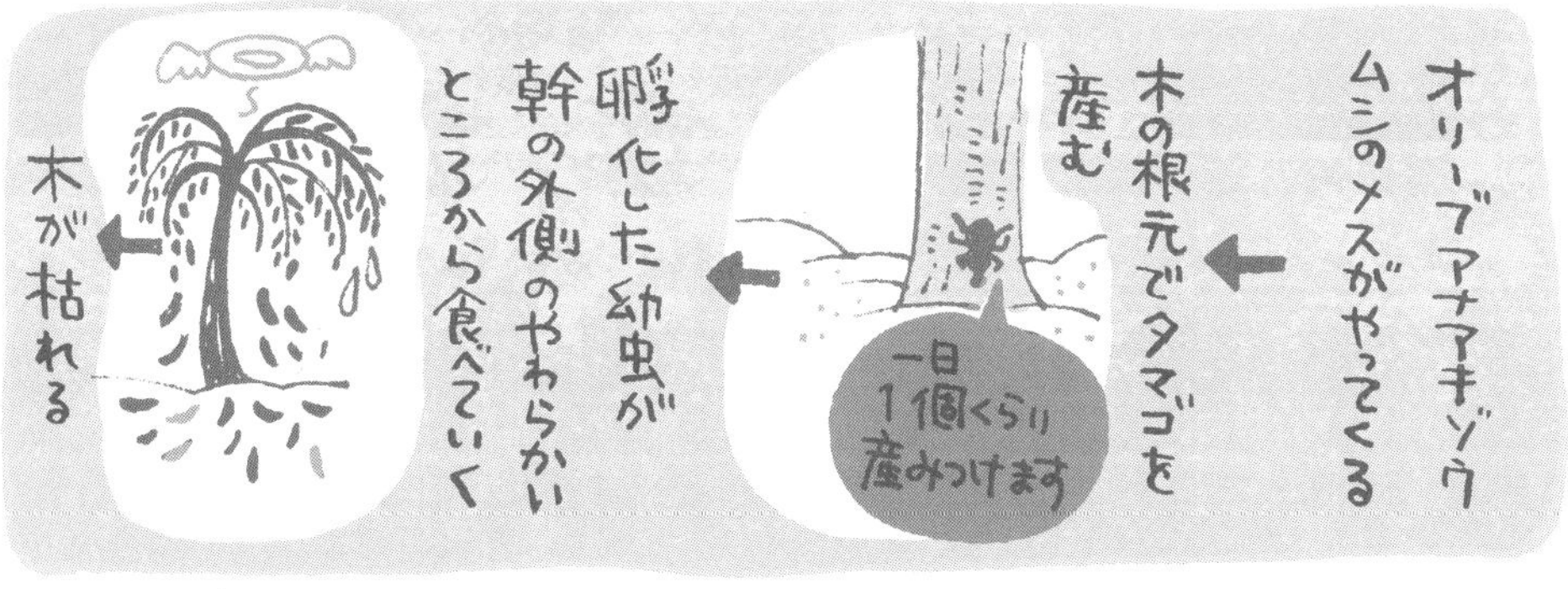

まずは
オリーブアナアキゾウムシを飼育していくことから

木をダメにするのは幼虫です
幼虫が大きくなる前になんとか防がねば
メスの行動や習性をよく知ればなにかしら
対策ができるかもしれない

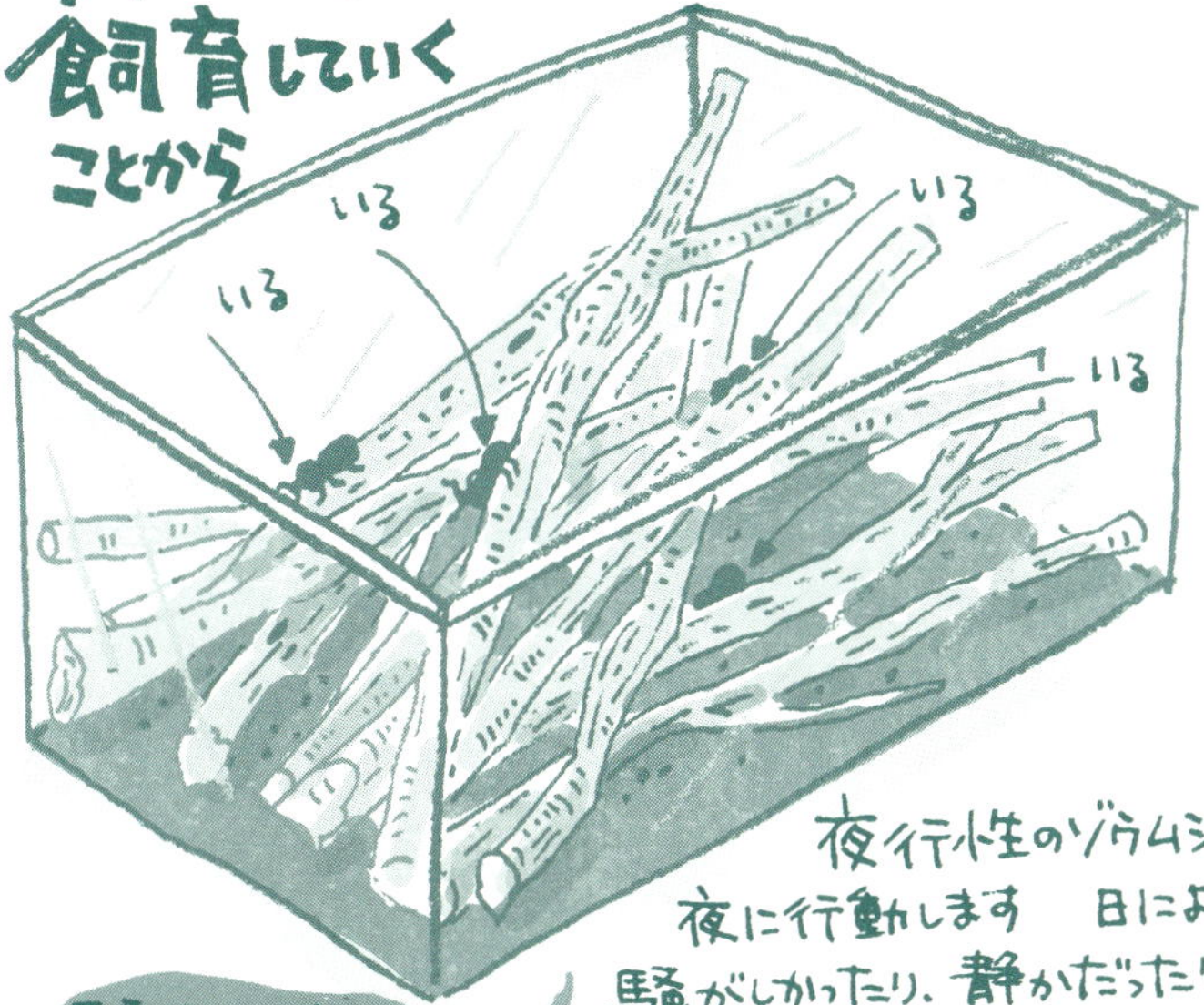
いる
いる
いる
いる

夜行性のゾウムシは
夜に行動します　日によって
騒がしかったり、静かだったり
虫の行動をしっかり観察すると
日々の見回り作業も変わります

騒がしい時は
外のゾウムシも騒いで
いるはずなので
未明の見回りをしっかり
やります

土とは違う色の
木のクズ(オガクズ)を
発見!!

幼虫がいるので
ドライバーでかきだす

未明の見回りで
幼虫を発見したら
成虫が近くにいる証拠
注意深く探して
いきます
タマゴをたくさん産む
前にできるだけ早く
(なるべく午前中)
見つけます

ゾウムシが
見つかった木

捜索範囲

24時間一緒にいることで
わかったことがいっぱい
ありました。
自分の近くに置いていると
ゾウムシの動きがわかります

スキキライ
好みの温度
生態

飼うことは
本当に大事ですね!

山田さん、
楽しそうです…

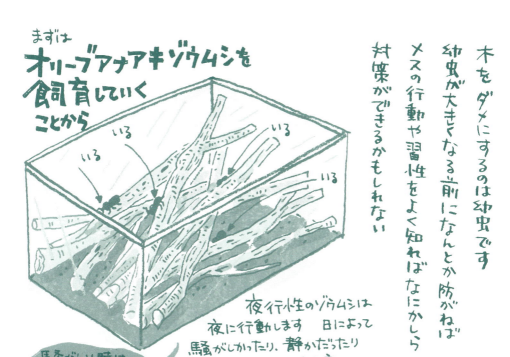

畑に小さな森を作ること

天敵が見つかっていない
オリーブアナアキゾウムシ以外は
たくさんの虫に住んでもらって
助けてもらうんです、と山田さん

農薬を使わずオリーブ栽培をするにあたって山田さんがこだわったのは、「草生栽培」草を生かし、たくさんの種類の虫たちに住んでもらう、助けてもらう、虫たちの住みやすい小さなオリーブの森を作ること。森ができると自然と食物連鎖ができるそうです

このオリーブの森を
豊かな状態を
ギリギリに保ち
ながら整えて
やるのが
人間の仕事かな

毎日見回っているうちに
一本一本の木の性格が
わかるようになってきた

あっちの木は いい……
フムフム こいつは大きくなりたがっているな…
コイツは 少し多めに葉を拝借しても元気そうだ
※加工用のオリーブティに使う葉
虫との対話もできるとか？

山田オリーブ園には
全部で600本のオリーブがあります
話を聞かせていただいた「上村」の畑が100本
その他の畑もそれぞれ見せていただきます

小豆島で栽培されているオリーブ品種

ミッション

少々病弱で気難しい
上手に育てると美味しい実をたくさんつけてくれる

ピリッと辛みのあるオイルと歯ごたえのある塩漬けは絶品

マンザニロ

四方八方に伸びるので剪定は大変
青リンゴのようなまんまるの実が鈴なりにつく

やわらかい肉厚の実は塩漬けにぴったり

ルッカ

とにかくタフ。どんどん大きくなってくれる。実が小さいので収穫は少し大変

まろやかで何よりフルーティーな香りは息子さんが大好き

ネバディロブランコ

同じ品種だけだと受粉しにくいオリーブ
真っ白い花をたくさんつけてくれる受粉用の樹

青い実から搾ったオイルは農家だけの楽しみ

西条のオリーブ畑

元たんぼだったところを
オリーブ畑に。水はけを良くするために
溝を掘ったり
傾斜をつけたり

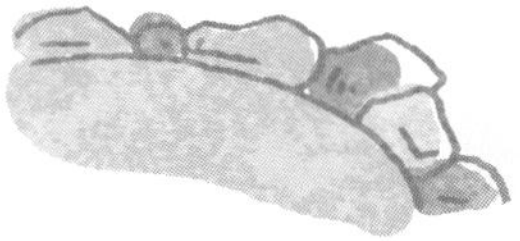

馬木のオリーブ畑

もともとみかん畑だったところ
木の成長もゆっくり
実験的に三種類の芝を
植えています

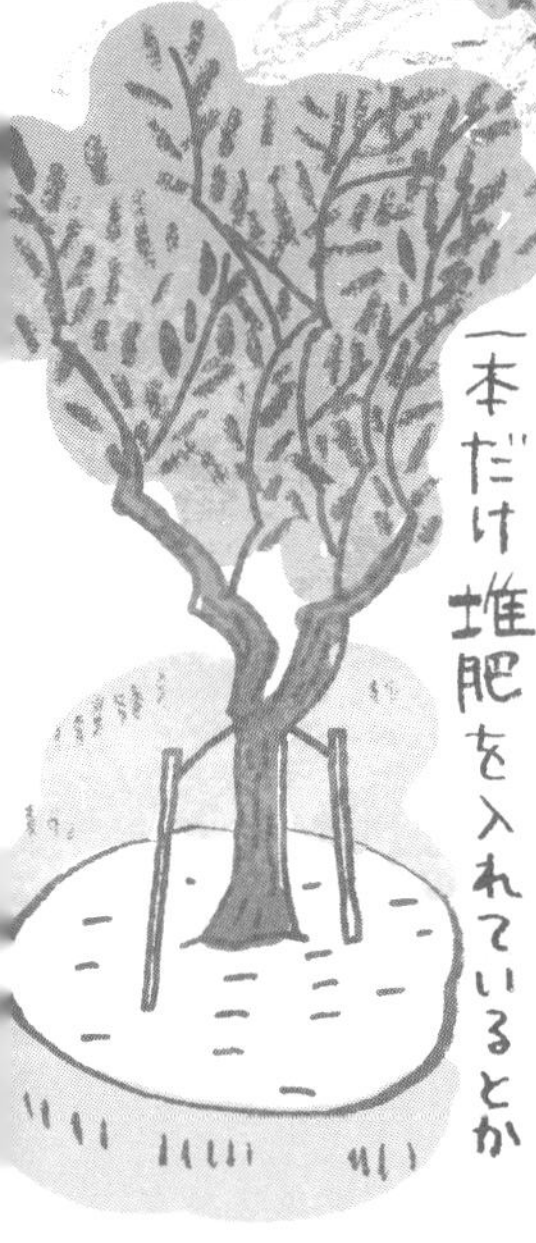

特に山の下にある平地の畑は
堆肥も肥料もない状態で
どれくらい大きくなるか実験中
一本だけ堆肥を入れているとか

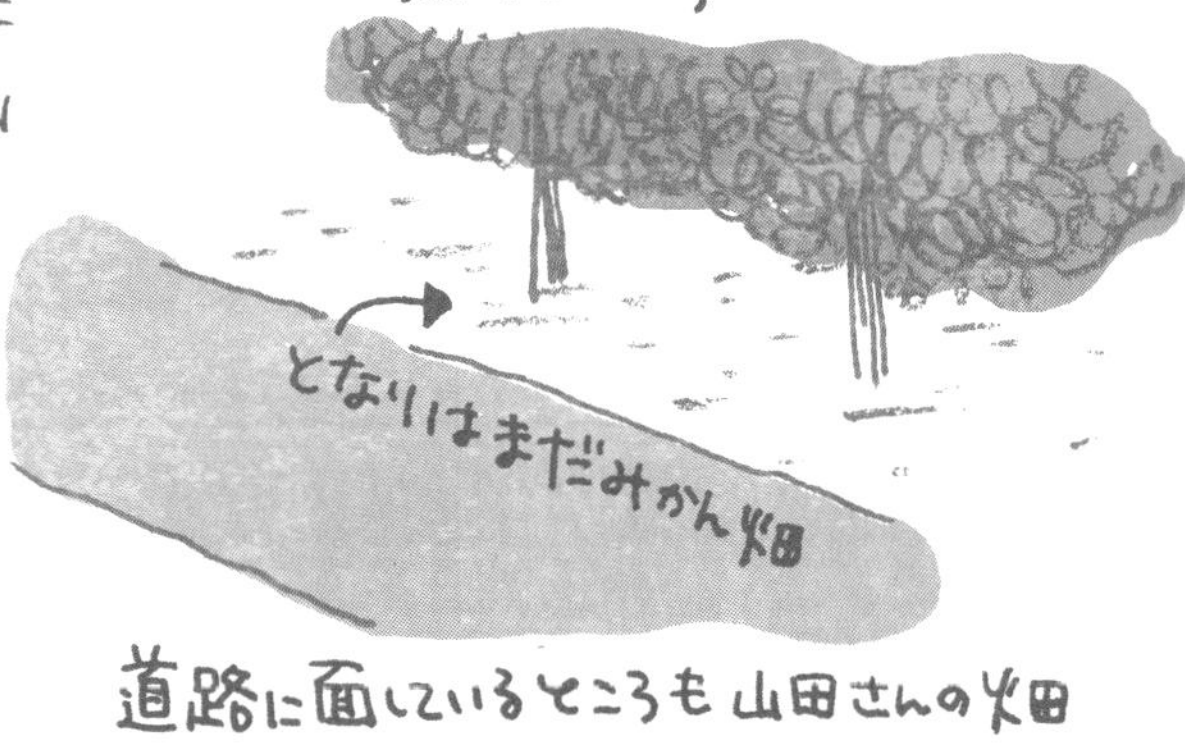

道路に面しているところも山田さんの畑

自宅そばの畑を見せてもらいました
畑の中央には立派な大きな木が2本
息子さんと遊ぶツリーハウスを
作ろうと計画中
数年後ツリーハウスから
見渡す景色は
素晴らしいことでしょうね…
取材時4ヵ所だった畑も
年々コツコツ開墾して
現在6ヵ所に
同じ小豆島でも畑に
よって環境が違うので
いろんな条件で育てる
ことによって栽培の
知識になるんですよと
山田さん

オリーブオイル

栽培を始めて4年目にやっとできた商品

2013年より販売開始。販売2年目にして予約受付当日に売り切れてしまうほどの人気商品

オリーブリーフティ

注文を受けてから葉を手摘みします
オリーブリーフティ
安全、安心な上に見ためも美しい

味もまろやかで美味しい!

生のオリーブの実

やっていそうで意外にだれもやっていなかった販売方法

[グリーンのみ
ブラックのみ
カラフル(混合)]

この3種類を販売しています
自分で新漬けなど作ってみたい人、シェフなどが購入しているとか
意外に需要があったのに驚き

身近なものでより安心なものを

オリーブの実の新漬け

こちらも人気のある商品です

オリーブの実の新漬けとはオリーブの実を塩漬けしたもの 独特の風味でやみつきになる味です
ただ渋味を抜くために劇薬の苛性ソーダを使わないといけないため一般的には手軽に作ることができません

せっかく有機で実を作っているのに薬剤は使いたくない
カンタンに手に入るもので渋抜きができないものか

奥さんのいづみさんは台所にあるあらゆるものを試していきます

試行錯誤を繰り返し、重曹で渋が抜けることをついに発見！

塩
アレも
干す？
ソレも
砂糖
コレも
アルコール？
試した方法をブログで紹介
もちろん重曹で作る方法アップしています
色は少しくすむけビ栄養豊富でおいしい
種を抜いた手間のかかった新漬けを期間限定で販売

オリーブ農家＝オリーブオイル農家

「上村」の畑ではオリーブ原産国イタリアに何百種もある品種からいくつか選んで苗木を育てています

虫や病気に強いものはどれだろう？

オイルにするとおいしいもの有機で育つもの…に品種を実験的に育てています

その他、種から育てているものもあり実を収穫するまで20年かかるとか非現実的だけど面白いのでやっている

種から生まれた木を盆栽に
カワイイ！

これもオリーブ盆栽カッコイイ!!

盆栽が盛んな香川県だからこそ楽しめる、面白がれること

死ぬまでに新品種を開発して自分の名前をつけたい?!
そんな野望があるとは…

オリーブ農家をやっているとやはり「オリーブオイルを作ってこそ」みたいなところがあり、そうなると相当の金銭的体力が必要となります

自分で作ったオリーブでオリーブオイルを搾ることは念願ですよね

まずは搾油をしなくても生活できる商品を考えたり工夫することでオリーブ農家としてやっていける、そしてお客様にも喜ばれるのではないでしょうか

自分で育てたオリーブを自分で搾る、搾油所を作ることが次の目標ですね

【山田オリーブ園】

無農薬でオリーブ栽培を始め、2011年国内のオリーブ畑では初めて有機JASの栽培圃場に認定される

塩漬け、生のオリーブの実 オリーブオイルはインターネットのみ販売、オリーブリーフティは香川県内店舗などでも販売中

住所
香川県小豆郡小豆島町西村乙1878-19
Tel.Fax
0879-82-5126
ウェブサイト
www.organic-olive.jp

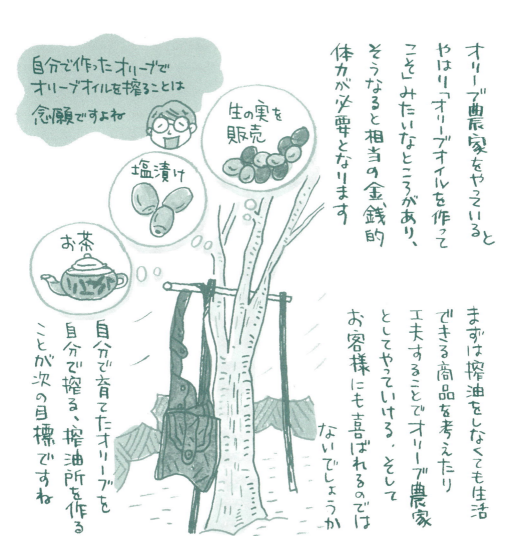

恋女房と二人三脚でつくる塩〈御塩／波花堂さん〉

小豆島で唯一塩を取っている蒲さんの塩づくりを見学させていただきました
蒲さんがつくる塩「御塩《ごえん》」の元となる海水を採取しているところは〝堀越〟という場所
島の東側にある このきれいな海で塩を取りたかったと蒲さんは言います

扉を開けて　ビックリ！

塩田の内部

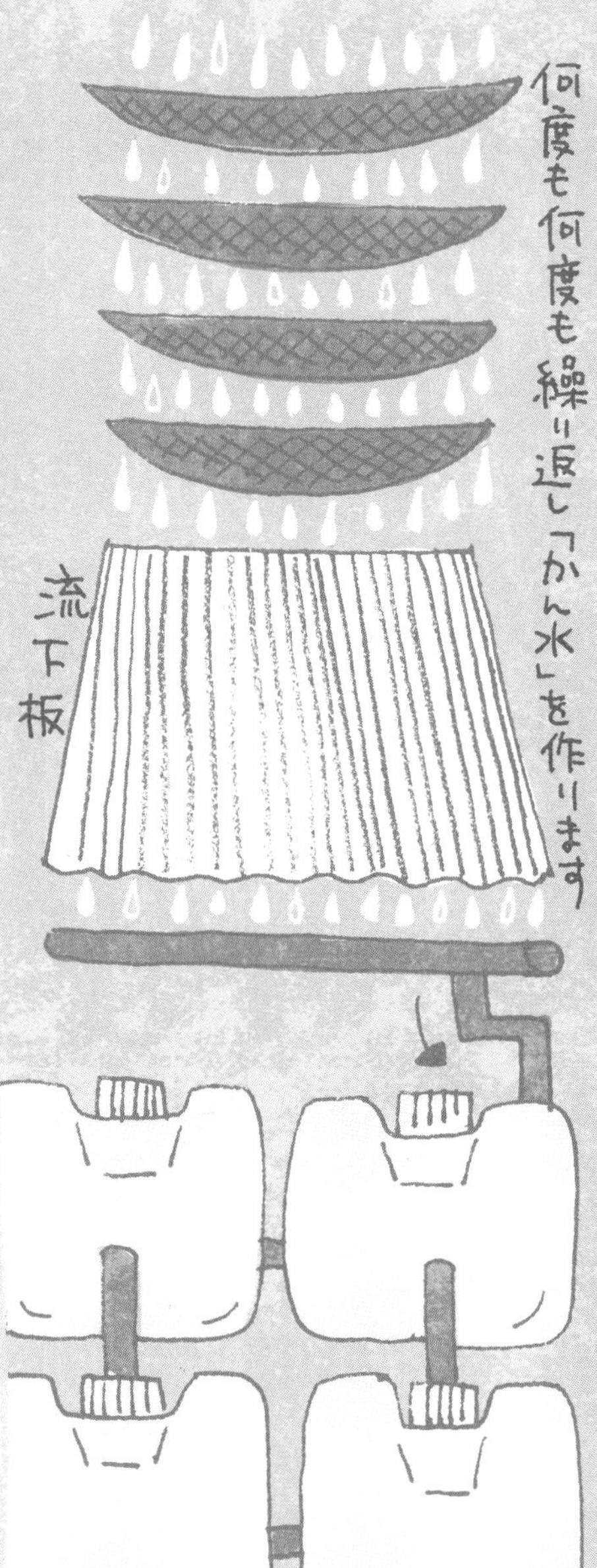
何度も何度も繰り返し「かん水」を作ります
流下板

「御塩」は流下式塩田で作られています
網を何層にも吊るしてその上から塩水を
落とします（滴下）。ゆるやかな傾斜がある
流下板を伝ってタンクへ。何度も繰り返す
うちに海水濃度が3倍となり「かん水」
が出来あがるのです

次は「かん水」を釜で
炊く作業に移ります
場所を変えて
釜炊き作業を行う
小屋へ ←

とっても重そうです

塩小屋 外観

↑釜を炊く用のまきが小屋の脇に山ほど積み上げられている

塩屋 波花堂

出入口横に控えめにある可愛らしい看板!!

釜炊き作業

塩小屋の中はとても暑い
昼夜問わず炊きあげるのでつきっきりで面倒を見ます
夏は塩づくりに最適な時期とかで晴天の日が続くと製造量がグ〜ンとアップするそう
降水量の少ない香川県は塩づくりに適しているようです

塩小屋の内部を見学しました
あ、汗が
夏は地獄ですね

このパイプを使って「かん水」を釜に注ぐ

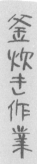

↑外が見える窓
出入
塩水の沸点
110℃!!
確実にやけどを
するので気をつけ
釜の中はグラグラ〜〜
炊きあがった結晶とにがりを木桶に
しばらく置いておくと塩の結晶が底に
たまっていきます
長い時間ゆっくり煮つめると粒の大きい
塩ができるそうです
煮ても
焼いても
どうしようもない
カルシウム
表面に浮いてくるのは
カルシウム
塩の味を
左右するので
丁寧にすくう
塩の結晶じゃ
ないよ
ピラミッド形
木桶表面に
浮く大きな
結晶
トレミー
塩
レンガを入れて
余分な水分と
にがりを吸いとって
もらう
水分を抜いたものが「塩」と
なります
炊きあげる
前の「かん水」を
保温中

自給自足を目標に

塩小屋の真上の自宅、海が一望できます

塩づくりの工程を一通り見せてもらった後
蒲さんのお宅でお話を伺うことに
「幼い頃海に行っても釣りより塩の作り方の方が
興味があった」蒲少年
大人になってひょんなことから始めることになった
塩づくり、何度も何度も失敗をし試行錯誤
しながら今の製法を築いていきました

奥様 和美さん お手製の お弁当を いただき ました
お弁当の中身は 蒲さん宅で とれたものや ご近所さんで 分けて いただい たもの

ふるいがけ、袋づめは
奥さんの役目だそうです

粒の大きすぎるものは自家用で使用するそうです
粒をそろえようとすり鉢などを使うと味が変わってしまうのでそれはやらないと決めているとか

丁寧に選別したものを袋づめ
最後ふるいにかけて粒を均一にしていきます 細かい作業は奥さん 和美さんの役目

蒲さんちのお庭

家の周りは全て畑
野菜、果物の他に蜜蜂
鶏を育てています

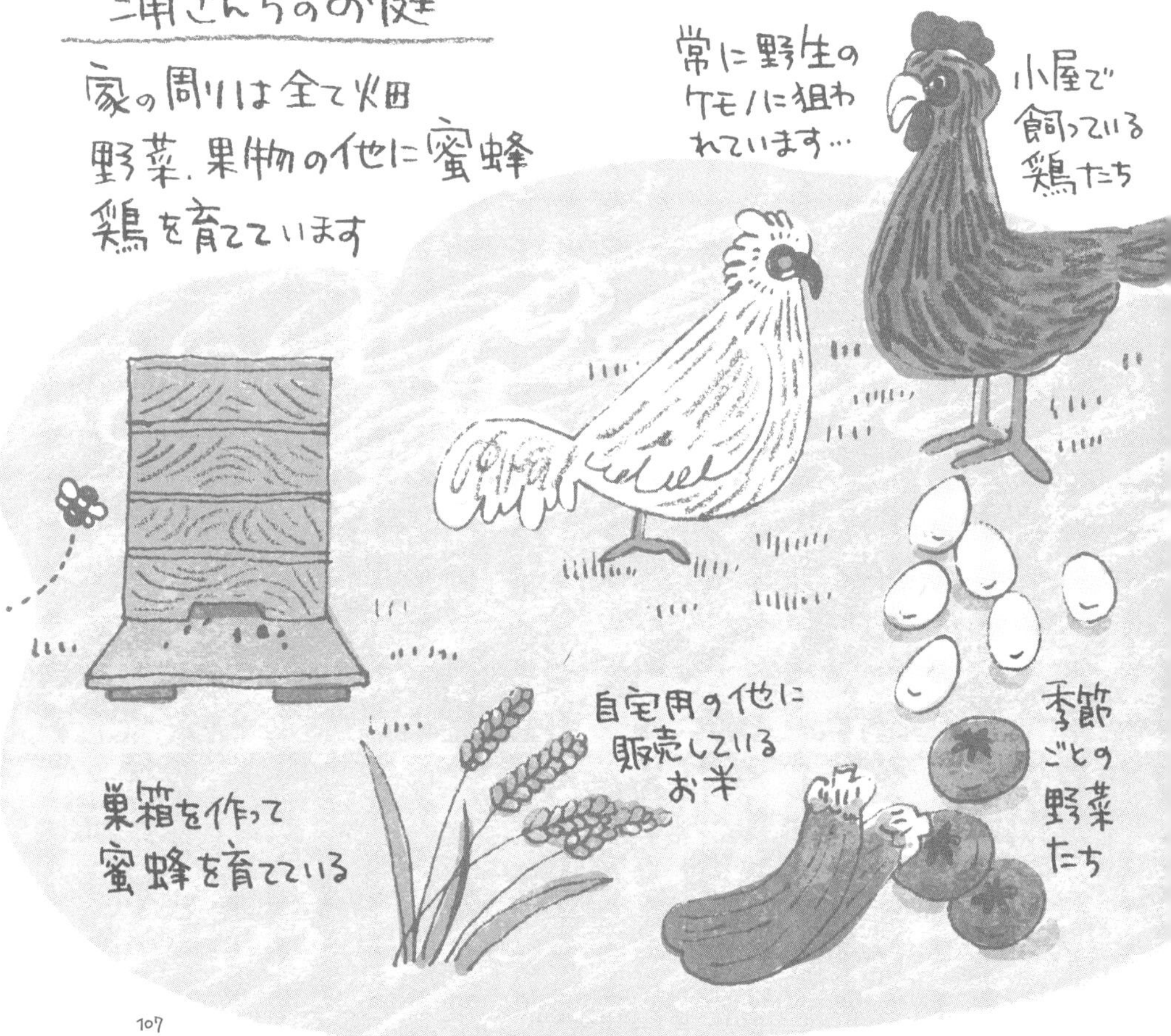
常に野生のケモノに狙われています…
小屋で飼っている鶏たち
巣箱を作って蜜蜂を育てている
自宅用の他に販売しているお米
季節ごとの野菜たち

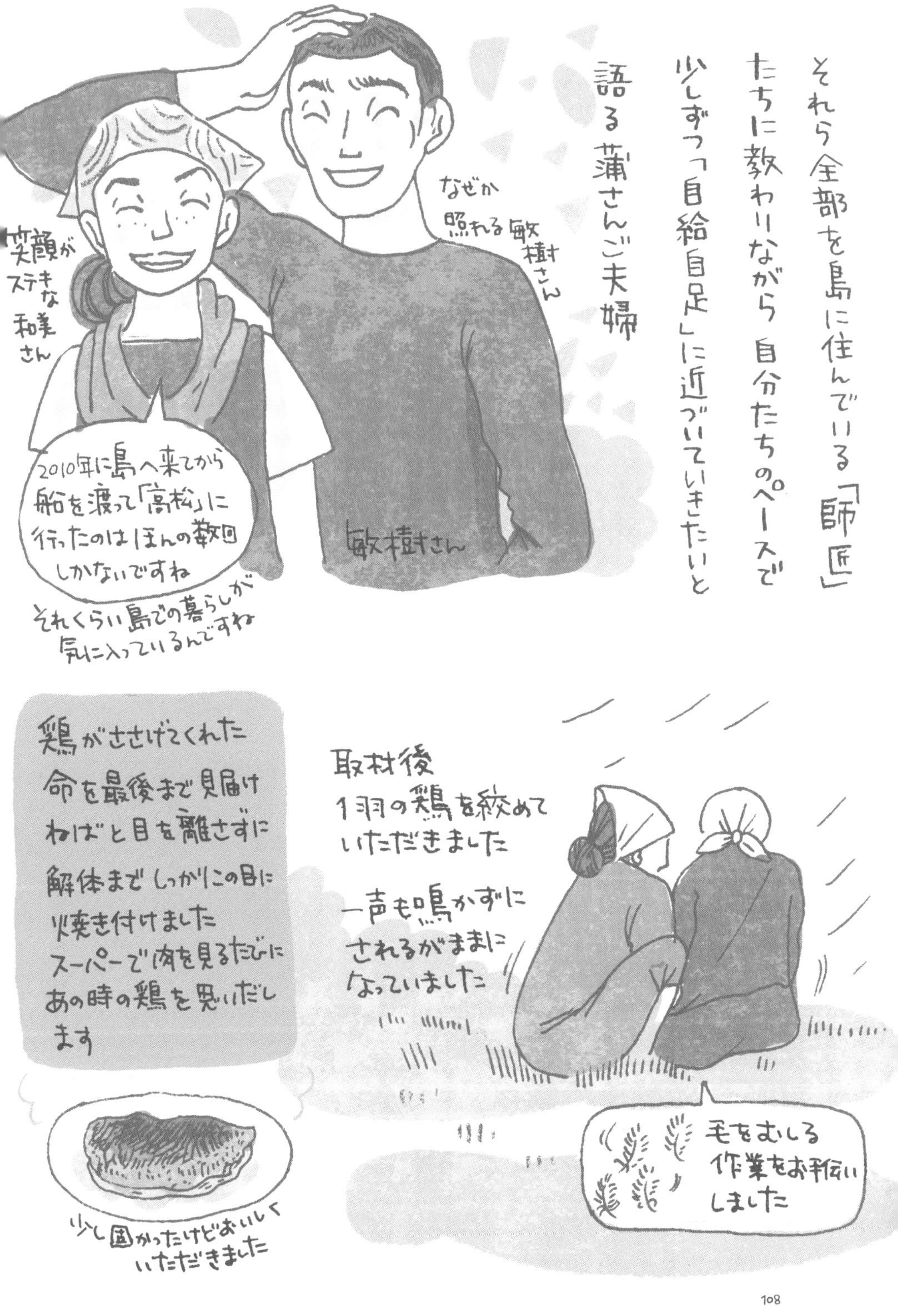
それら全部を島に住んでいる「師匠」たちに教わりながら 自分たちのペースで少しずつ「自給自足」に近づいていきたいと語る蒲さんご夫婦
なぜか照れる敏樹さん
笑顔がステキな和美さん
2010年に島へ来てから船を渡って「高松」に行ったのはほんの数回しかないですね
敏樹さん
それくらい島での暮らしが気に入っているんですね
取材後 1羽の鶏を絞めていただきました
一声も鳴かずにされるがままになっていました
毛をむしる作業をお手伝いしました
鶏がささげてくれた命を最後まで見届けねばと目を離さずに解体までしっかりこの目に焼き付けました スーパーで肉を見るたびにあの時の鶏を思いだします
少し固かったけどおいしくいただきました

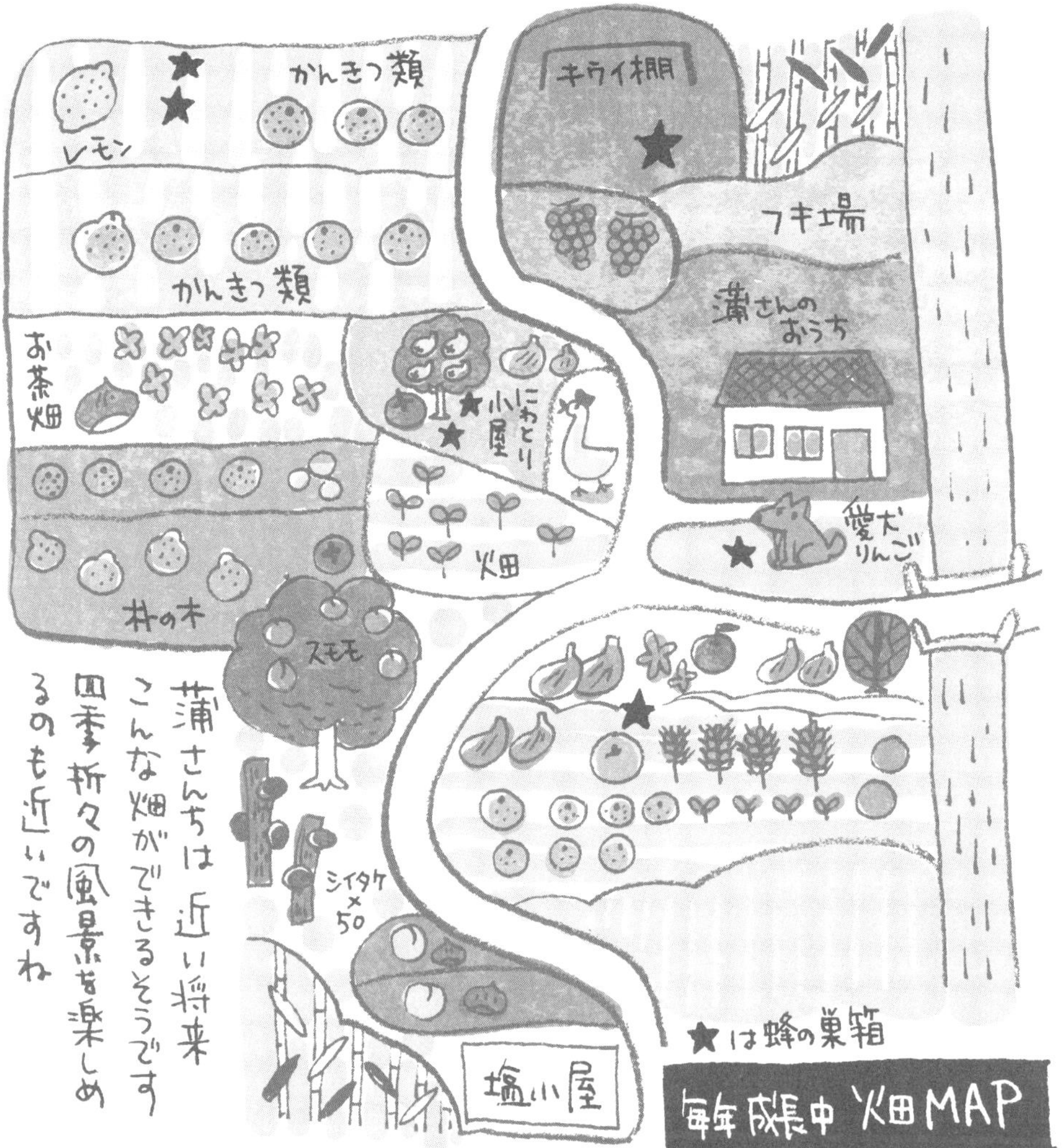

蒲さんちは近い将来こんな畑ができるそうです四季折々の風景を楽しめるのも近いですね

【波花堂／御塩】

小豆島の東側にあるきれいな海で作られている小豆島唯一の塩、「御塩」を製造しています
100g、200g入り2種類を販売中。「御塩」を使った味噌など加工品は島内のイベント・マルシェなどで販売しています

住所
香川県小豆郡小豆島町田浦甲124番地
Tel
0879-82-3665
メールアドレス
hanazakari-0623@yahoo.co.jp

お問い合わせは電話、メールアドレス等々にて販売店舗のお問い合わせもこちらにて

小豆島あちこちダイアリー　06

2015年11月16日　「沖之島の渡船」（沖之島）
船でしか渡れない沖之島。島民はほとんど自家用船を持っていて、身軽に海を行き来する。

III

島に住む生活

弘法大師が生国讃岐と京を往来する途中、修行の地として小豆島の洞窟などをたびたび訪れ、この島に多くの霊跡を遺しました。

島四国《しましこく》とも呼ばれる八十八ヶ所の巡礼場所です。さらに小豆島は仏教ばかりか、秀吉の時代、キリシタンの小西行長が統治、いっときはキリシタンの島でもありました。宗教の匂いがある島といわれる所以かもしれません。

現在の女性たちの生活ぶりをみると、とにかく働き者ですが、どこかゆったり感漂う人が多い。島に専業主婦はほとんどいないながらも、保育園の待機児童なし、学童保育もバッチリ機能している、これは必ずしも島の人口が少ない、という理由だけではなかろうと思います。微小だが出生率があがったとか。「子育ち」支援に行政の目が細やかに行き届いていることもあるようです。「子育て」を「子育ち」と呼んでいることにも好感がもてます。

Uターン、寺継ぎます

坊主という暮らし

大阪でシステムエンジニアをしていたところから一転して、小豆島で坊さんとなり五年が経ちました。毎日満員電車に揺られ、終電で帰っていた日々にくらべ、小豆島の生活はとても穏やかなものです。

朝起きて、決まった時間に寝る。三食しっかり食べることができ、朝食と夕食は家族で食卓を囲みます。保育園に通う子供のお迎え、夕飯まで遊びに付き合い、一緒に風呂に入り、（やるかやらないかは別にして）寝かしつけまでできます。

とはいえ、とても暇だということではありません。坊主の仕事と言えば、法事・葬儀といった檀務《だんむ》（檀家

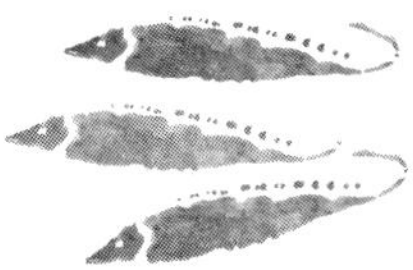

大林慈空

さん向けの仕事）がまず思いつきますが、小豆島の寺のいくつかは札所になっていて、白装束を纏ったお遍路さんが曜日、季節関係なく参拝に来られます。そのお世話というか対応をするために、境内を綺麗に保ち、そこにいることが仕事になります。

私は、常光寺の副住職という立場ですが、碁石山という山寺の堂守という役割もあり、それぞれの寺が札所になっているので、常駐して掃除をし、時折お遍路さんの相手をする、というのが毎日のルーチンワークです。もちろん、お寺にはお盆や彼岸の年中行事があり、お寺同士の付き合い、地域の活動も加わるので、どこまでが仕事で、どこからがプライベートか、という線引きは曖昧で、なだらかなONの状態でスタン

バイしていることが求められます。この点が、タイムカードを押して仕事のON／OFFを切り替えられるサラリーマンとは大きく異なる点です。一〇年近くその生活にドップリ浸かっていた身には、一番馴染みにくく、しんどい部分でした。

小豆島あちこちダイアリー 07

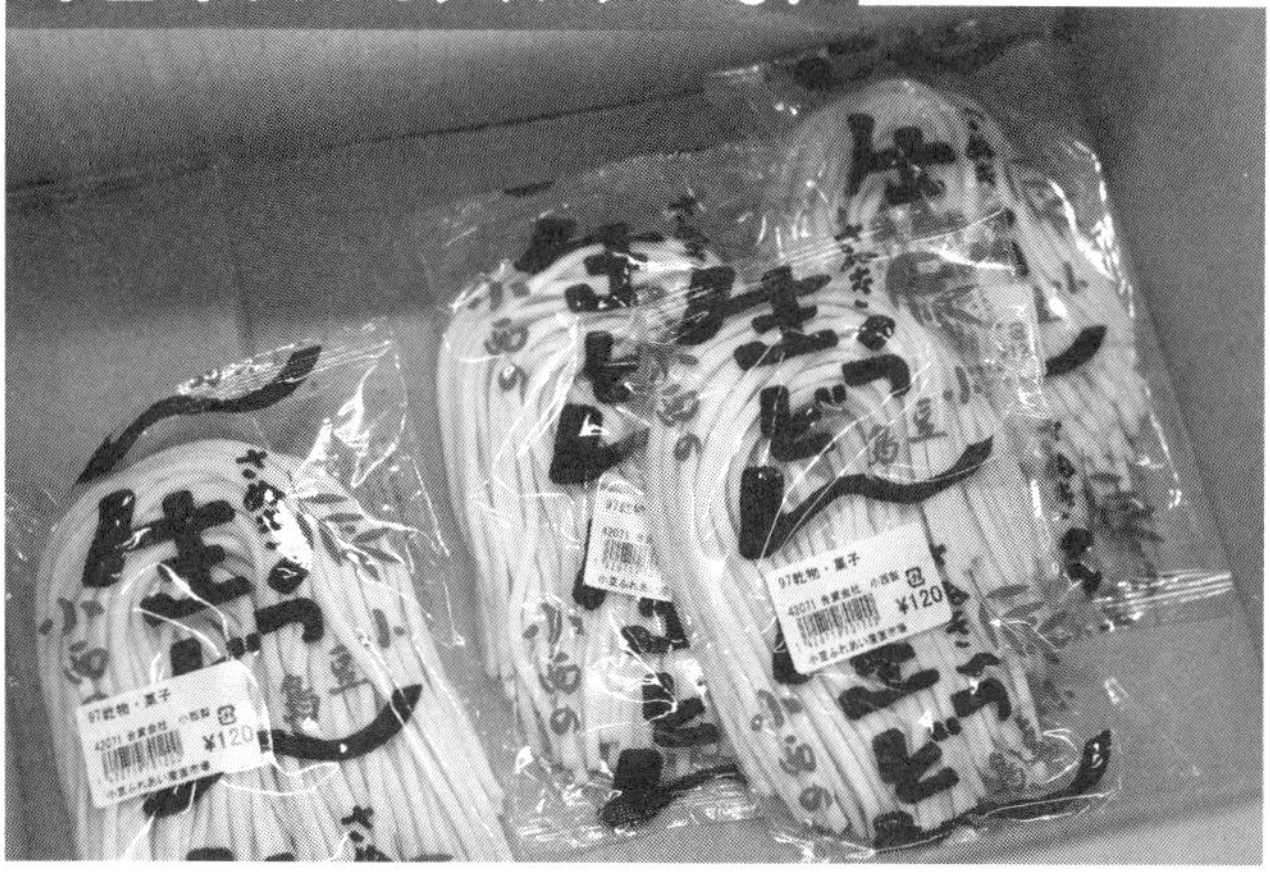

2015年8月14日 「小西のうどん」（池田）
おいしいし安いしパッケージもかわいい。ただし茹で時間は20分。

しかし、三年経ち、五年が過ぎると、これは坊主に限った話ではなく、島の自営業者、ひいては田舎暮らしの当たり前なのか、とも感じています。労働に対する見返りがあろうがなかろうが動ける人間が動く。今までもそうしてきたし、これからもそうやっていく。その流れの中に自分も身をおいて、共存していくことは自然なことだと思います。

また、檀家さんや地域の衆人環視の中で、目立った行動がすぐ噂になることが窮屈に思わないではないですが、それも慣れました。それよりもむしろ、目にみえる人間関係の中で、自分の役割に責任を持って生きていくことの充実感を感じています。

島遍路のすすめ

島に住みはじめ、すぐに小豆島八十八ヶ所霊場を巡りました。八十八ヶ所の札所は、島の集落ごとに存在しているので、そこを巡っていく旅は、すなわち島を一周し、全ての地域を訪れることになります。他所から小豆島に移り住んだ人たちは皆、島遍路を体験すると良いと思います。地理的なことだけではなく、人や文化といったものまで丸ごと味わえますから、島を理解するには一番の近道じゃないでしょうか。

私は仕事柄、歩き遍路道を知る、札所を知る、という目的で一週間かけて歩き遍路を行いましたが、当初思い描いていた「こんなもんだろう」という予想を遥かに超える面白さにはまりました。何が面白いって、遍路で想像する要素の全てが想像以上なのです。自然を感じるだろう、風光明媚な札所があるだろう、ふかふかの山の遍路道を歩くと気持ち良いだろう、険しい道もあるだろう、地元の人との交流もあるかもしれない、それら全ての期待が倍以上で返ってきました。以来、小豆島遍路、特に歩き遍路を普及する活動をライフワークにしています。

意外と思われるかもしれませんが、小豆島はとても信仰心の厚い島で、昔は修行の島だった、というストイックな一面を持っています。修行の島とは、修行ができる環境が整った島ということで、海底火山が隆起してできた島の大半は溶岩石と凝灰岩でできており、それが海風に曝《さら》されて風化し、切り立った崖や洞窟が無数に存在しています。島の規模もある程度大きいので、魚を獲ったり、野菜を育てたり、自給自足することによって、俗世間とのつながりを断って修行三昧するにはうってつけの環境であったと言えます。

弘法大師空海の生きていた時代には、そうした山岳修行者が島の至るところで修行をしており、お大師様もその噂を聞きつけて行をされていった、と伝えられるところから、この小さな島に独自の八十八ヶ所霊場が生まれました。瀬戸内海には小豆島の他にも四国と同じ八十八ヶ所霊場を持っている島がいくつもあるのですが、それは四国にお参りできない人のための写し霊場、すなわち四国霊場とまったく同じ仏様をコピーして作ったものがほとんどです。そのため島四国という呼ばれ方をします。小豆島霊場も島四国と言われてしまうのですが、決して写し霊場ではありません。起源は一六八六年（貞享三年）と古く、成り立ちも異なるので、四国霊場の写しまたは子供や孫といった位置づけではなく、兄弟のような存在と言えます。

そうした背景を踏まえたうえで、現在の小豆島を見ると、離島ながら部外者に排他的な人が少ないのも頷けます。お遍路さんや旅行者にお接待をする文化も年季が入っているので慣れたもの。流れ着いた罪人や素性のわからない旅の人でも受け入れて、共存してきた歴史があるから、今でも（昔と変わらず）移住者が多いのかもしれません。

しかし残念なことに小豆島遍路の人口は年々減少しています。とりわけ歩き遍路の人数は激減しました。その打開策のために、今までお遍路に馴染みのなかった層へのPRが重要だと考え、定期的に歩き遍路行事を行っています。具体的には、島内外の若い女性向けの「女子へんろ」、卒業して島を巣立つ学生向けの「卒業遍路」、小豆島霊場会主催の「ふれあい徒歩大巡行」など。年に数回、二〇人から四〇人くらいの人を率いて島を歩いています。

こうした歩き遍路行事を通して気づいた、というか教えられたことは、遍路自体が古くて時代に合わないものになってきたのではなく、その良さは今も昔も変わらずある、ということ。変わったのは、始めるきっかけや作法を教えてくれる人が減った、その一点です。新しい何かを加えたり、変革しなければと焦る必要はないと思います。重要なのは、わかりやすい入口を用意することと、初心者が入門者になれるような道をつくっておくことです。言い換えれば広報を頑張り、先達（ガイド）を育成するということです。

お遍路は独りでもできますが、その裾野を広げるためには先達が欠かせません。参加者を増やす意味でも、一過性のツアーではなく、リピーターを創るためにも、遍路行事を通して、人を育てるということに尽力していきたいと思っています。

大林慈空（おおばやし・じくう）
一九七六年小豆島生まれ、大阪育ち。進学就職で東京を経由、大阪でサラリーマンの後、高野山で修行、僧侶となる。二〇〇九年より小豆島在住。小豆島霊場第八番常光寺副住職。

島の子育て

柳生照美

島で生まれて島で産んで

妊娠がわかった日、夫が「島へ行くよ」と。それまで夫は千葉、私は小豆島と別々の場所で生活、将来的にどちらで暮らすのか、またはそのどちらでもない別の場所で新しい生活を始めるのか、ちょうど決めかねているところでした。その日からは迷いもなくなりました。小豆島は目の前に海が広がり、後ろに小さな山がある、他になにもなくても子は育つだろう、私も島でそう育てられたのを思いだしました。

二〇一三年、私は無事に男の子を出産し、母親になりました。島では自宅出産を選ぶ人もいますが、私が出産したのは小豆島で唯一産婦人科のある内海病院です。私が生まれたころにあった助産院も含めて、現在島には他に産婦人科のある病院、助産院はありません。私は出産直前まで働いていましたが、出産後は家にも職場にも近い実家でひと月ほどの産休生活にはいりました。

私が働いているのはMeiPAM（迷路のまちのギャラリー&カフェ）です。土庄本町の「迷路のまち」の中にあります。アートの企画展示やイベントなどを運営しています。出産の約一カ月後から、授乳と授乳の間に少しずつ復帰、子連れで仕事に戻っていきました。まだ首のすわっていない息子をベビーカーで寝かせながら短時間ギャラリーの受付や接客をすることもあり、子育てと仕事と両立出来ている気分になりました。

息子の成長はゆっくりだったのでハイハイができるようになったのは生後一〇カ月を過ぎた頃のことでした。そうなると職場にはなかなか連れていけず、実家に預けたり、時にはおぶって仕事をしました。一歳三カ月頃、息子がヨチヨチ歩けるようになり、ますます目が離せなくなりました。今まで以上に仕事をする時間を作るのが難しくなってきたけれど、仕事は増えていました。

島には町営の保育園がいくつもあります。病児のための保育室も病院内にあります。専業主婦がほとんどいない島です。保育園は〇歳児から入園可能ですし、待機児童ゼロとも聞いていました。仕事が忙しいときに実家の母や夫の協力をたよりにしてきましたが、そろそろ保育園かなと思いだしました。

そんなある日、息子がいきなり高熱を出しました。前回寒い時期に熱を出した時は二日目には元気になったので今回もそのくらいで下がることを願っていましたが、願いかなわず二日目には座薬を六時間おきにいれなければならなくなっていました。その日は展示入れ替え初日で仕事が気になりつつも休みをもらいました。その翌日も病状は変わりません。仕事も出来ていないし、さらに翌日は初めて挑戦する朗読会の練習日だったので、それまでには熱下がってー！　と懇願していました。焦るばかりで息子の体調はよくなりません。苦しそうに「かぁかぁー（母ちゃん）」と泣いている息子にしてあげられることは何もなく、抱っこしたり頭を冷やしたり、水を飲ませたり、これで本当によくなるかわからないし、仕事も朗読会の準備もできない、と私は焦る一方でした。

そんな私を実家の母がみて一言「あんたにしかできんことは何なん？」。いつも夜遅くまで仕事をしている働きものの母が一番大事にしていたのが、私たち兄妹だったのです。それを聞いた瞬間驚き、自分が情けなくて仕方がありませんでした。「私にしかできんこと」は、一つしかありません。この子の「母親」は私しかおらんから「私にしかできんこと」は「母親」以外ありませんでした。それからすぐに仕事をもうしばらく休み、そして私は息子のことだけ考えました。できることといったら、抱っこしたり、水を飲ませたり、頭を冷やしたりとそれまでと変わらないけれど、息子のことだけ考えて、息子だけを見て一緒に過ごしました。その甲斐あってかどうか、五日目の朝には少し調子がよくなり、熱も微熱ほどに下がりました。六日目には調子を取り戻したのでちょっと預けて仕事に行けました。

四月が入園のタイミングだったので、一歳五カ月で保育園にいれました。島には、野山、海で自主保育を親子で続けているグループもいます。とても憧れますが、フルタイムの仕事だし、勤務時間も長い、その上私にはオリーブ収穫期に海外出張も年に一度は必ずあります。保育園と夫や母の助けでやっと両立できている状態です。ただ、島の同世代の子育て中のお母さんたちとは機会があれば情報交換したり、一緒に子どもを遊ばせる時間をもつようにしています。

小豆島の行政の子育て支援は手厚いように思います。医療費が中学を卒業するまで無料になったのはありがたいです。

ただ、年々無料でできる予防接種が増えていて言われるまま受けていますが、私が小さい頃はこんなに注射を打たなくても今まで健康に生きてこられたので違和感はあります。二つの町にある中核病院が二〇一六年には大きな病院に統合します。産科小児科が充実してくれることを願っています。

柳生照美（やぎゅう・てるみ）
一九八三年小豆島生まれ。近畿大学文芸学部芸術学科演劇芸能専攻卒業。ジャック・ルコック国際演劇学校卒業。小豆島ヘルシーランド株式会社所属 MeiPAM 勤務。オリーブオイルソムリエ。

限界集落に住んで

浦中ひとみ

豊島に暮らして四年目に入った

　今住んでいるのは、豊島の南に位置する甲生《こう》という地区で、人口は五〇人をきっている。この地区に引っ越してきてから半年ほどだが、ほとんどみんなと顔見知りになった。甲生の集落には旅客用の船の港がなく（漁港はある）、島外に出るときは車で五分から一五分かけて岡山や小豆島に接続する家浦港もしくは唐櫃港に出ることになる。商店は一軒。ただし、家浦で営業している商店の支店で、夕方の約一時間だけの開店なので、まだ行ったことがない。豊島の中でもとりわけ「辺鄙なところ」といえる甲生地区だが、暮らしは楽しい。静かな海は居心地が良いし、夜に行き交う船の明かりや、向かいの男木島から届く灯台の光を眺める時間を、とても気に入っている。

　三年とちょっと前、二五歳で豊島に移住してきた。短期の仕事に応募していたので、半年くらいですぐに東京に帰るつもりだった。なぜ豊島なのかということをいろんな人からよく聞かれるけれど、大きな思い入れとか、サマになる理由があったわけではない。豊島には行ったことがなかったし、事前に知っていることはなにもなかった。それまで東京でしていた仕事を辞めようとしていたことと、実家を離れてみたかったこと、田舎に住んでみたかったということが重なったタイミングで、豊島の求人が目に入ったから、ほとんど勢いだったのだと思う。

生活費のこと

さて、貧乏がバレそうだけど、お金のことをつらつらと書いてみる。

今住んでいる家は、海辺の小さな一軒家。大きめのキッチンと六畳の和室を、友人と最近ひろった子猫とシェアしている。家賃は月一万円。これは豊島の中でも安いほうだと思うけれど、島内に不動産屋はないので、家探しは人脈と運に左右される。高いところだと、家賃五万というところもある。

職場は住んでいる豊島ではなくて、となりの小豆島でアルバイトをしている。収入は月々手取りで一〇万円ほど。人口九〇〇人をきっている豊島に対して、約三万人が暮らす小豆島はとても大きく都会に感じる。豊島よりも働き口が多いし、生活に必要な品物もすぐに手に入る。会社が豊島から小豆島の船の定期代を支給してくれているので、仕事の日はもちろん、休みの日でも用があるときは定期で島へ渡れるので助かっている。島の生活費の中で、船代はけっこう大きな割合を占めるのだ。

光熱費は多いときで月に一万五〇〇〇円程度。お風呂が電気給湯器式なので、電気代が少し高めになってしまう。豊島には薪風呂もけっこう残っているから、もっともっと光熱費を安くできるかもしれない。月数百円の電気代で暮らす友人もいた。とはいえ、じつはわたしたちも家電はあまり持っていない。テレビ、炊飯器、冷蔵庫はないけれど、どうにかなっている。非電化生活へのポリシーがあるわけではなくて、なかなか家電を調達できずにいたら、意外となくてもやれちゃったという感じ。島では手放すときも大変そうなので、そのままにしている。冷蔵庫はないとさすがに辛いときもあるけれど、無駄な買い物をしないクセがついてきたのは良かったと思う。炊飯器の代わりには土鍋を使っているので、うまく炊けるとごはんがとても美味しい。

食費はあまりかかっていない。ありがたいことに野菜だとかお惣菜だとか、よくお裾分けしていただいているし、ご飯をごちそうになる機会も多い。外食も島内ではめったにしない。たまに仕事の帰りに小豆島で買い物するのは調味料や、好物のパン、ときどきモーレツに食べたくなるチーズなどの乳製品、お豆腐、納豆など。お菓子も買うときは買うけれど、てっとり早く自分で作って済ますことも多い。バターは買いづらいのでもらったオリーブオイルを使って作れるものや、豊島で採れる季節の果物を使ったりする。いちご、レモン、びわ、いちじく、などなどものすごく美味しい果物も豊富にあるのがうれしい。本当はパンも自分で作れたらよいのだが、何度か挑戦しているけれど、いつも失敗してしまう。

そのほか、車に乗るのでガソリン代や、本当は手放してしまいたい携帯電話の料金は毎月ある程度支払っている。娯楽に使うお金は、都会暮らしのときに比べると少し減ったかもしれない。物欲がなくなったわけではないが、無理なくコントロールできている。たまには本や服だって買うし、旅行に行くこともある。

軽い気持ちで島暮らしをはじめたら、予想外に長くつづいている。まさか車をこっちで買うなんて思ってもいなかったし、猫を飼いはじめるなんて都会に住んでいたときでは信じられない（猫アレルギーもなぜか治った）。自分の変化に驚いたとき、ずいぶん遠くに来たような気持ちになる。わたしの豊島暮らしが続いている理由は、おおらかな風景の中だったり、強烈で面白すぎる島の人たちの中にももちろんあるけれど、どうやら別のところにもあるようだ。自分自身が思いもよらない変化をしつづける場所だから、それが楽しくてやめられない。

浦中ひとみ（うらなか・ひとみ）
一九八六年東京都生まれ。武蔵野美術大学映像学科卒業。二〇一二年豊島に移住。豊島甲生在住。同い年の同居人（ともに寅年）と茶トラの子猫と暮らしている。トラ三匹。

島のおくりびと

長田穣

僕のお嫁さんになってください

「僕のお嫁さんになってください」

「はい、よろしくお願いします」

そう言って大阪、天神橋の上でプロポーズしてから五年、今では二児の父親になりました。

小豆島で生まれ、島で育ち、島外へ出る理由といえば陸上の試合程度のものだった。大学受験を失敗した私は、趣味だったバンド活動の延長で関西にあるライブ音響の専門学校へと進みました。そこから一四年間携わる裏方業が、三二歳までの自分を築き、人との出会い、そして妻との出会いを作ってくれました。これからも関西でこの仕事をやっていくんだ、辛い思いもするがこれが天職なんだと思っていたとき、電話が鳴りました。

「お父さんが病気で、私だけでは仕事がまわせない。帰ってきてほしい」

母からの電話でした。島へ帰って、父の冒されている病気の状況を聞き「もう、帰らんとあかんな」と感じ、関西を離れ帰郷。いわゆる、Uターンでした。

その後は私が大阪でやってきたことが何もなくなるという喪失感と、自分の力を出せないという寂しさで、気持ちも上がらない日々でした。しかし、家業が葬祭業という待ったなしの仕事。分からない中で手探りで仕事をし、なんとか生活してきたのでしたが、合間をぬって大好きな関西へ出かけていました。

その中で出会った妻は、兵庫県尼崎市出身の関西人。音楽も人も大好きな女性で、交際中は公園やカフェめぐり、京都の寺院や神社に行くことがほとんどでした。彼女の人柄を知るにつれ、この人とならという気持ちが固まってきました。しかし、離島に嫁ぐということは、親元からも離れ頻繁には動けなくなるということ。施設なども十分なものはない。島ならではの他所《よそ》もん感覚。葬儀屋という特殊な仕事で時間も昼夜関係なく年中無休。本当に大丈夫だろうか……。そんないろいろなことを考え、プロポーズしようかと悩む日々でした。

彼女の中では私のところへ嫁ぐという気持ちが最初から強くあったらしくプロポーズでは即答してもらいましたが、彼女自身も相当な覚悟をしていたと思います。

二〇一〇年一一月二三日に尼崎を離れた彼女と、二五日には無事に婚姻届の提出を済ませ、彼女は瀬戸の花嫁になりました。

翌年には結婚式を挙げ、最初は私の祖母との同居生活。すごく愛している祖母なので妻と三人で同居できたことは本当に嬉しかった。妻は介護の仕事をしていたり老人と接するのが好きなので、私も祖母も本当に幸せでした。しかし、同年三月に祖母は体調を崩し帰らぬ人となりました。妻は、祖母の死を実の祖母のことのように悲しみ、気持ちの整理がしきれていない私を支えてくれました。この人がいなかったら、私は自分を支えることができなかっただろうと思います。島に嫁いできて、数カ月で家族の一人を亡くし、私を支えそして仕事を手伝うという怒涛の日々を過ごしてきた中で、妻はおなかの中に新しい命を授かりました。嬉しかった、ただ嬉しかった。

島では都会のような医療施設は望めないが、看護師さんと妊婦さんとの距離は近く親身になって話してくれます。これはご近所関係でも一緒で、会うたびに「おなか、おーきなったなー」とか、「男の子なん？　女の子なん？」など声をかけてくれます。生まれたときも我がことのように祝ってくれたりして、温かい。

しかし、子育てでの問題点もある。私が住む町には現在、小児科がありません。赤ん坊のときから診てもらった先生が辞めてしまいその後の担当医もいなくなってしまったのです。二人の子供に何かあれば四〇分ほどかけて隣町の小児科まで連れていかなければなりません。「ここでは診察出来ないので、島外の病院へ行ってください」と言われれば、一時間船に揺られ、そこからタクシーやバスで検査できる病院へ行き、帰ってくる。そうなると一日がかりの仕事になります。

なんでもある今の時代であるにもかかわらず、島では欲しい物があっても売っていなかったり、または前述のように島外の病院へ行かねばならなかったりと、母親たちは大変なことばかりです。しかしその中で妻は、同年代に生まれた子供のお母さんたちと仲良くなって友人を増やし、いろいろな情報を共有したり、助け合ったりしています。

島の葬儀事情

最後に仕事について書きます。私の会社では、都会のように病院と提携のような関係はありません。まずなによりも喪家様ご本人が選ぶべきものだと思っております。

島の葬儀は五年ぐらい前までは、自宅からお送りすることもありましたが、近年は葬儀ホールでの葬儀が多くなってきています。時代のせいや子供たちに迷惑をかけまいとする親たち、または核家族化や子供が都会に出てこちらにいないため小さく家族葬（家族葬とは葬儀社が考えて生まれた言葉です）として執り行う形も増えてきています。しかし、こういう小さな島の中なので近隣や地区の皆様との付き合いがあるため、家族だけでというのは難しいということを考える人が多いと思われます。

私は葬儀に正解というものはないと思います。まずは故人とのお別れを大事にし、できる限りご遺族の意向に沿ったものにしたいと思っています。「おくりびと」は役割などではなく、家族と故人を最後に結ぶ橋渡し的存在なのではと思います。

長田 穣（ながた・みのる）
一九七六年小豆島生まれ。関西よりUターン、現在家業の有限会社ナガタ葬祭を継ぐ。ハードロックとヘビーメタルをこよなく愛す「おくりびと」。

IV

なんといっても
おいしいもの

小豆島は四季折々果樹が実をつける。みかん数種、いちじく、柿、栗、すもも、桃、葡萄、あけび、きんかん、山ももと数えきれない。生産農家にはぶどう、いちごもある。自生、野生のものをときおり失敬するのだが、いずれも美味。

春の山菜や椎茸や畑で育てられたトマト、なす、空豆、タマネギなどなど、畑を作れば食べる分には事欠かないのです。

釣り人と知り合いになれば、海藻や魚や蛸や烏賊も手にはいります。それでわかった。島に外食産業が根付かないのがこれで納得。つまり周りにあるもの採れるものが豊富且つうまいのです。

それでも人は寿司屋に通い、酒を酌み交わし、ときどきジャンクフードを食べたくなるもの、が、いかんせん島には飲み屋街も赤提灯もないのだった!

島の三大食品

黒島慶子

醤油

　草壁港に降りると、美味しそうな醤油の香りに出迎えられ、さっそく食欲がそそられる。香りの元は醤油蔵。小豆島の南東には「醤の郷」と呼ばれるエリアがあり、一七軒の醤油会社が軒を連ねている。小豆島は醤油の代表的な産地のひとつ。安土桃山時代から四〇〇年余続き、最盛期の明治初期には小豆島全体に四〇〇軒もの蔵元があったという。今は醤の郷以外に五軒、合計二二軒の蔵元がある。

　地域全体が醸されているかのようなまちで、「醤油蔵巡り」という珍しい旅をしてみるのはどうだろう。じっくりと見学しても一日に三軒も五軒も巡れるし、それぞれの蔵元が個性豊かでおもしろい。観光なれしている土地柄もあって「見学させてください」と連絡をすると、すんなりと受け入れてくれる蔵元も多い。日本食の調味の要は醤油なのだから、醤油を学んでおいて損はない。そして何より見応えがある。

　小豆島の醤油の最大の特徴は「木桶仕込」。もともと醤油は大手であろうとなかろうと「木桶」に仕込んできたが、戦後から効率的なステンレスタンクに仕込むようになり、木桶仕込の醤油は今や日本の醤油生産量全体の一パーセント程度に減少。そのうちの約四分の一以上が小豆島産なのだ。薄暗い蔵の中には、背よりも高い桶が立ち並び、桶にも壁にもびっしりと乳酸菌や酵母菌などがついている。神秘すら感じる空間に、初めて足を踏み入れた時、人は一瞬言葉を失う。

ヤマロク醤油、盛田（旧マルキン忠勇）、ヤマヒサ、正金醤油など次々巡ると、香りが違うことに気づく。森林浴をしているような清涼な香りの蔵元、ハーブとフルーツが混じる濃厚な香りの蔵元など。この違いこそが天然醸造・木桶仕込の魅力だ。工業的に作るタンク仕込の醤油は巧妙に設計された機械が安定した品質を作り上げるが、目に見えない菌と経験に基づく人の手で作り上げる天然醸造は無限の風味を生む。

蔵で感じた香りは製品になった醤油にも現れる。そして蔵で感じた印象が味に現れる。木桶仕込の醍醐味はこのような「個性」を楽しむところにある。個性があるからこそ選ぶ楽しみがある。人にも相性があるように醤油にも相性がある。木桶仕込が多い小豆島は、醤油蔵を巡って自分好みの醤油を選ぶにはうってつけの場所なのだ。自分好みの醤油を見つければ、毎日が美味しくなる。「この蔵好きだな」そう思ったところの醤油を使って、食卓に笑顔を咲かせてみてはいかがだろうか。

オリーブ

小豆島を巡っていると、しなやかに枝葉を揺らし、銀色に輝く美しい樹が島のあちこちに植わっていることに気づく。

その樹が「オリーブ」。路地や庭先、小さな空き地と、わずかな隙間にもオリーブが植わっている。山一面を飾る広い農園もある。さらに「オリーブ通り」「オリーブ温泉」「オリーブバス」など、特にオリーブらしい要素はなくても様々なところに「オリーブ」の名がつけられている。小豆島の各所に掲げられているとおり、ここは「オリーブの島 小豆島」なのだ。

小豆島でオリーブ栽培が始まったのは一九〇八年（明治四一年）。農商務省が日本国内でオリーブオイルを作ろうと、香川（小豆島）・三重・鹿児島の三県を指定したことがきっかけとなる。唯一栽培に成功した小豆島は、「オリーブ発祥の地」として一〇〇年余、国内のオリーブ産業の代表的な産地という座を担ってきた。

小豆島でオリーブを楽しむなら、一〇月半ばから一一月いっぱいがおすすめだ。樹木には緑や赤紫や紫に色づいたオリーブの実が、ぷっくりと鈴なりに実っている。島の人はそのオリーブを一つ一つ丁寧に収穫しては、塩漬け（新漬け）やオリーブオイルなどにする。そしていざ発売すると、塩漬けは二週間ほどで売り切れることもある人気ぶり。夏に来ても味わうことも買うこともできないのでご注意を。なお、塩漬けの発売は一〇月初旬と一定の時期に決まっているが、オリーブオイルの発売は一一月末のところもあれば、翌年一月だったりと農園によって一、二カ月異なる。

気軽に楽しみたい場合は「オリーブ公園」や「オリーブ園」といった観光農園に行って園内をゆったり散歩したり、いろんなオリーブ製品や料理を味わってみるのをおすすめする。観光農園以外でも「イズライフ」（P138参照）に電話して訪ねるとユーモア溢れる園主が自ら案内してくれる。

できたてのオリーブオイルを味わいたい場合は一一月頃に各農園の採油場に行ってみよう。「オリーブ公園」「オリーブ園」「高尾農園」「東洋オリーブ」「ひまわり福祉会」「せとうちビオファーム（旧ヤマサン醤

小豆島あちこちダイアリー 08

2015年8月15日 「ラグタイム」（池田）
元祖ファミレスといった雰囲気。ナポリタンは細麺。

油オリーブ事業部）」で味わえる。絞りたてのオリーブオイルができあがるタイミングをあらかじめ電話で確認してから行くといい。絞りたては「油」というより「フレッシュジュース」。青リンゴを齧った時や、早朝の草原を駆け巡った時のような爽やかな印象を受ける。一口に「オリーブオイル」と言っても全農園で風味が異なる。いくつかの農園のオリーブオイルを味比べし、いろんな美味しさに出会うといい。また、一歩踏み込んで採油が始まる前に農園を訪ね、オリーブの収穫を体験するのも気持ちがいい。

他にも「島宿真里《まり》」で、小豆島産のエキストラバージンオリーブオイルを使ったエステを受けたり、「オリーブ牛」「オリーブハマチ」「オリーブ素麺」など、オリーブをまるごと活かした、世界でも珍しい商品がいくつもある。

追記。小豆島の土庄港に降り立つと、プーンとごまの香りが漂う。これは同じ食用油でも港近くにある「かどや」のごま油製造の香り。かどや製油は加登屋製油所として一八五八年（安政五年）に創業された老舗だ。

佃煮

醤油蔵が軒を連ねる「醤の郷」をいろんな人と歩いていると、「すごく美味しそうな香り！　お腹が空くなぁ」とふと笑顔を見せる。その瞬間漂うのは、実は「醤油」よりも「佃煮《つくだに》」の香りであることが多い。「佃煮」は小豆島を代表する特産品のひとつ。戦後の食糧難の時期を乗り切る保存食を作ろうと、芋の蔓を醤油で煮込んだことがきっかけとなる。以来日本各地で支持され、昭和四〇年代には昆布佃煮の生産量が日本一を誇るまでになった。

小豆島の佃煮を楽しむのならば、気軽に本格佃煮作りを見学できる「小豆島食品」へ。「直火炊き」という直接釜を火にかけて二、三時間手で混ぜ続ける製法で、素材にこだわり抜いた化学調味料不使用の佃煮に力を入れている。あらかじめ電話をして訪ねてみよう。草壁港からも徒歩一〇分足らず。訪ねるベストタイミングは一一時頃だ。佃煮作りは九時頃から行われており、ちょうど一一時頃に炊きあがる。そのタイミングに行けば、三〇キロ以上の佃煮が入った大釜から直接箸で佃煮を取り、炊きたてほっかほかの貴重な味わいを楽しむことができる。粗熱が取れて味が馴染んだ佃煮も美味しいけれど、炊きたての佃煮はこれまでの佃煮の概念を覆す感動の味わいがある。

できたての味わいを堪能していて必ず欲しくなるのが「白いごはん」だ。弁当箱やタッパーに入れたりおにぎりにして「白いごはん」を持参しよう。気合を入れて炊飯ジャーごと持っていっても、味噌汁や他のおかずも合わせて持っていっても、穏やかな表情で「はいはい、どうぞ」と当然のように受け入れてくれる。なお、九時頃からずっと見学することも、時折混ぜさせてもらうなど実際に佃煮作りを体験することもできる。

他にも佃煮会社はいくつもあり、売店で試食をすることができる。それぞれ味わいが違うので、いくつか巡ってお気に入りの佃煮を見つけてみよう。さらに「瀬戸よ志」では飲食スペースも併設され、五つの海の幸の佃煮が入った「海賊おむすび」などを楽しむことができる。タケサン記念館「一徳庵」では佃煮の歴史の資料なども展示しており、岡田武市商店の「つくだに屋さん」ではなんと「佃煮ソフトクリーム」が、宝食品の「京宝亭」ではカップに入った「佃煮アイス」がある。

佃煮は、白いごはんに載せるだけでおかずになるほど便利なものだけれど、それだけではない。佃煮は昆布や貝や椎茸が醤油や砂糖などで濃く味付けされた便利な調味料。卵焼きの具や、パスタソースにひと味、チャーハンの具にもなる。小豆島で様々な佃煮を見つけ、佃煮会社でいろんな便利な使い方を聞いて、毎日の食卓を美味しく楽しくしよう。

黒島慶子（くろしま・けいこ）
一九八三年小豆島・馬木生まれ。醤油のまちに生まれ、蔵人たちと共に育つ。醤油とオリーブオイルのソムリエ＆Webグラフィックデザイナー。

塩屋だが百姓＆猟師

蒲　敏樹

米作り

　僕は塩屋だが米も作る。

　二〇一〇年、島へ来てから米を作りはじめた。二〇一五年三月、スターターを引くと耕耘機は一発で小気味良いうなりを上げた。冬の間に整備したクボタの六・八馬力エンジンはよく回る。僕はこうして田んぼにいる。郷里から遠く離れた島で。暴れる耕耘機を押さえ込む腕は痛み、畦に泥を掻き揚げる広背筋はいつも腫れぼったい。

「うちで作った米で、美味しいご飯が食べたい」

　妻がある日そう言った。子供の頃、祖父が作る米は美味かった。あの頃、私たち家族は一年中、美味い米

小豆島あちこちダイアリー　09

2015年11月25日　「狩猟」（豊島－神子《みこ》ヶ浜《はま》）
罠にかかったイノシシは、撃たれてから30分もかからずに解体された。

を食べていた。

今、僕は祖父が郷里・岐阜でそうしてきたように田んぼを這う。泥にまみれて帰り、戸を開けると、妻に替えのズボンを頼む。妻は優しい。「お疲れさん」と声をかけ、冷蔵庫にはビールを冷やしておいてくれる。

思いがけず田んぼに舞い戻った僕が妻のためにしたことは、祖父と同じように顔をしかめながら田んぼをこねることだった。ワザはまだ到底祖父には及ばない。だが、島風に揺れる青い苗の波を見ながら呑む煙草は、祖父と同じ銘柄だ。

山の幸たらの芽

「たらの芽収穫作戦」と言ってもいいと思う。

たらの芽シーズンが始まる一カ月ほど前、昨年の入山記録を分析するところから、その「作戦」は開始される。毎年、入山日ごとに採れ高、装備、山の状況などが記録してある。初春からの気候、最近の天気傾向などのデータから今年の発芽状況を予測、入山日を決めるのだ。山とは僕が見つけたたらの芽がたくさん採れる場所、当然僕だけの秘密の場所である。

入山初日が決まると、その五日ほど前に身体を山に慣らすためと偵察で山に入る。準備は装備。愛用の腰鉈《なた》、経典五寸五分と替刃式型枠鋸《わくのこ》（三〇センチ）の手入れ、足元を固める地下足袋や安全靴の選定、ハイドレーション・パックの洗浄など多岐にわたる。なかでも重要なのが手製の「たらの芽棒」。たらの木を折らずに手元に引き付け、高所のたらの芽も一網打尽にできる。腰丈ほどの長さで、先端が鉤《かぎ》のようになっており、直径三センチほどの木の枝を利用する。楡の木などの腰の強い木がよい。

さて、いよいよ入山。一度目は「偵察」である。たらの芽の成育状況を調べるとともに、他の人間が入山した形跡があるか、山道が藪で覆われていないか、土砂崩れなどの危険な箇所はないか、猪や鹿の行動範囲と遭遇の可能性はあるか。この偵察入山時には通常の装備に加え、藪漕《こ》ぎや獣との遭遇に備えて狩猟用の土佐鍛冶剣鉈八寸を加えるほか、不測の事態に備えハイドレーション・パックの水を増量、パラシュート・

コートや一食分の携行食も加える。

装備の重量はこれでぐっと増えるが、さらに通常入山用の地下足袋ではなく安全靴仕様のブーツを履く。これは備える意味もあるが、負荷をかけて冬の間に鈍った身体を山に慣らす意味もある。


二度目はついに「作戦」本番である。

前回の「偵察」で確認した、たらの芽の生育状況から割り出し、最もいい状態で採取できる最適な日を選ぶ。装備は最小限。腰鉈、鋸、「たらの芽棒」、採ったたらの芽を入れる袋。足元は軽量な力王・安全地下足袋を選択する。山の状況は十分に確認してある。「偵察」時とは異なり、いかに早く山頂まで採取しながら駆け上がり、「最短時間」で駆け下りて来るかに重点を置く。


さて、たらの芽採りにおいて注意すべきことが何点かある。たらの芽採取のルールである。
①採取に際して、できるだけたらの木を伐らない。
②一番芽を採取し、二番芽以降は採取しない。
③背丈の低いたらの木は一番芽も温存する。
これらは来年以降も継続して採取をできるようにするためである。

次に獣、特に猪との遭遇である。近年の猪の加速的な増加は、入山の際の遭遇確率を圧倒的に引き上げている。まして春、出産シーズンを迎えつつあり、子連れの猪は気が荒い。足跡や獣道、ぬた場の位置を知るとともに、常に気配や音に気を配りつつ行動することが肝要である。

そして、人間との遭遇。実は、これが一番厄介である。たらの芽を先に採った、採られたで嫉妬や妬みが生まれる。また、頻繁に遭遇するようでは、綿密に練った入山パターンが読まれてしまい、今年はおろか来年以降の採取にも影響が出てくる。対策は、ひたすら「会わない」ようにするしかない。ここで「いかに早く山頂まで採取しながら駆け上がり、最短時間で駆け下りてくるか」が生きてくる。速さは迷いを生まないので、良好なたらの芽の選抜が速やかに行なえるうえ、獣や人間との遭遇確率もぐっと減る。

もちろん地下足袋を履くことで足音を消すことや、腰鉈、鋸を掌で押さえながら走ることで金属音や鞘ずれの音を消して、自身の気配を絶つことも有効だ。

入山は通常三～四回で終了としている。一回ごとの間隔は四～五日あける。だいたいこの程度で一番芽を採りきることができる。たらの芽を決して商売にはしないというポリシーを持っているので、この程度の入山回数で十分なのだ。

猪戦争

「夜は歩かれんで」

「今年の筍は口に入らんで」

「薩摩芋やか、みなやられてしもて」

地区の寄り合いで顔を合わせた時の、挨拶のようになってしまった猪の話題。二〇一〇年、この田浦地区に移り住んだ頃、畑を荒らすといえばカラスや、ヒヨなど鳥類が主だった。田浦の半島は猪はおろか、鹿や猿さえも姿を見せない「安全地帯」だった。猪がいつ田浦までを侵食しはじめたのか定かではない。

二〇一二年、半島の先端、田浦の集落がいまだ安寧の中にある頃、その手前、切谷《きりたに》の我が家で異変は起こった。

四月初旬、ようやく朝日が射し始めたカブ畑の真ん中で、妻が泣き叫んでいた。

「ひーどーいー！　なんでー!?」

ようやく根付いた苗は無残にも千切れて散らばり、引っ越してから手を入れ、肥えてきた土は、丁寧にトラクターで耕した後のように、均一に轢かれていた。猪だ。都会育ちの妻の落胆は激しい。なにしろこれまで猪を「見たこともない」のだから。二人で畝を立て直し、生き残った苗を移植しながら、暴虐を尽くす猪に鉄槌《てっつい》を下す決心をした。

猪を追い、柵を巡らすだけでは鉄槌とはいえまい。真の鉄槌とは捕獲にある。天邪鬼《あまのじゃく》を踏みつけ金剛杵《こんごうしょ》を手に立つ仁王のように、厳然と立ち向かわねばならない。だが、そのためには狩猟の免許を取らねばならない。折も折、講習会と罠猟の試験の募集があった。応募したのは言うまでもないことだった。複雑な法文と、狩猟鳥獣の判別に苦しみながら、ようやく「鉄槌を下す資格」が付与されたのだった。

免許を取得し、次は踏み板を踏み抜くとバネでワイヤーがしまる仕掛けのククリ罠を購入。その年の狩猟許可を受け、猪戦争前線に立ったのは一一月のことである。戦の道具を揃えても、戦の仕様を知らなければ話にならない。しばらくは猪に翻弄される日々が続いた。足跡をたどり、罠を仕掛けても猪はルートを変える。罠ははじかれる。相変わらず畑は荒らされ、石垣が崩され続けた。

ある朝、家を出ると畑と森の境界、まさに罠を仕掛けたあたりの茂みが、激しく揺れている。一念通天、ついにやったか！　いやまて、野犬の可能性もあるし、鳥が群れているだけの可能性もある。たとえ掛かっても、猪がワイヤーを切り逆襲に転じることはよくある。大きく迂回し、這うようにして罠に近づいた。いる！五、六キロ程度の小ぶりではあるが、確かに畑を荒らして妻を泣かせた奴らと同種族。猪である。ワイヤーを張り詰めさせ、地面を掘り返し抵抗する猪であったが、掛かりは完全、もはや逃げるすべはない。ここに、ようやく一度目の鉄槌を下すことができたのだ。

役場の職員とやってきたハンターによって、猪はやがて、動かなくなった。

私は猪をただ殺処分したことは一度もない。これまでに捕獲した四頭の猪は全て食べている。憎っくき猪だが、戦はすでに終わっている。騙し騙され、侵略し、捕獲し、お互い全てを尽くして戦ったのだ。猪の血と肉と、知恵を、わが体内に取り込んでこそ、完結する。しかも肉は旨いのである。

蒲敏樹（かば・としき）
一九七八年岐阜県郡上市生まれ。二〇一〇年小豆島田浦に移住。夫婦で塩屋の波花堂「御塩」製造販売。

こだわりのオリーブ

堤 祐也

世界のオリーブオイル売ってます

大阪生まれ大阪育ちの僕は、大学卒業後、東京にある建設機械専門商社で七年間勤務しました。

その後、小豆島にある、叔父の経営する石材販売・建設業を手伝うため小豆島移住を決意、商社時代に「何か自分でモノを作り、直接お客様に喜んでもらえる仕事がしたい！」という想いを持っていたので、会社の新事業立ち上げというタイミングをのがさず、二〇〇六年からオリーブの植樹を一人で始めました。ネクタイをはずし作業着の生活が始まりました。

畑でオリーブを育て、その魅力に触れるにつれて、僕はだんだん小豆島産オリーブオイルだけでなく、世界のオリーブオイルにも興味を持ちはじめました。小豆島のオリーブオイルの品質の素晴らしさと共に、当然のことですが世界にはたくさんの素晴らしいオリーブオイルが存在します。一一年に日本オリーブオイルソムリエ協会認定のオリーブオイルソムリエの資格を取得し、直売店「イズライフ」を開店。

僕の農園は栽培規模が小さいので小豆島産のオリーブオイルを販売できる量は圧倒的に限られます。そこで僕の店では、オリーブオイルの素晴らしさを広めるためにも、品質の高い世界のオリーブオイルをしっかりとした説明で販売することが大切だと思いました。信頼できるオリーブオイルブランド、メーカーを厳選し販売しています。

　ところで僕のオリーブ畑は約四ヘクタールの敷地に二〇〇〇本以上植えています。オリーブにはきめ細かい人の世話が必要です、当然一人では管理しきれません。島に住む五〇代と六〇代の男性二人が毎日畑で働いてくれています。害虫から猪から雨風からオリーブを守ってくれる働き手たちです。オリーブは果実に傷がつかない様に一粒一粒収穫し、その後さらに傷や病気の果実を搾油しないように手作業で選別し、元気なオリーブ果実のみを搾油しています。大変手間ひまかかります。僕が営業や出張で不在の際にも、二人で畑全体を考え、その時期にあった作業内容をこなしてくれます。それだからこそ安心して畑を留守にすることができます。夏の焦げつくような暑さ、冬の凍てつくような寒さの中でも黙々と作業に従事してくれる二人には感謝してもしきれません。

島のレモン

　僕にとって、オリーブに負けないくらい魅力のあるのが島のレモンです。小豆島の温暖な気候の中で、レモンはすくすくと育ち、美しい実をつけてくれます。

　農薬・化学肥料を一切使用せずに栽培するレモン。毎年五月半ば頃から花を咲かせ一二月上旬に黄色く色づき、注文があるたびに収穫・出荷しています。野菜ジュースには皮ごとミキサーに投入して使用できます。神戸の「マダムキキのお店」で瀬戸内レモンチョコレートの原料として利用されたりと幅広く活用していただいております。

　マダムキキさんとのコラボのきっかけは先の瀬戸内国際芸術祭で知り合った京都造形芸術大学の椿昇先生から、世界に発信しても恥ずかしくない品質のチョコレートを作りたいと、原料としての国産レモンを探している人がいるということで、紹介いただきました。ヤマロク醤油の醤油を使った醤油キャラメルチョコレートなどのシリーズと並び阪急うめだ本店で行われた催事では、販売即完売という人気だったそうです。

　また農薬を使わないレモン栽培を行っている点を活かし、レモンを皮ごと丸々加えたグリーンレモンオリーブオイルに力を入れています。小豆島産オリーブの実とグリーンレモンを贅沢に搾油したフレーバーオイルです。フレッシュレモンの香りと小豆島産オリーブ特有のさっぱりとした後味、そこに彩りを添えるレモンの皮の苦味が食材の良さを引き出します。

もうひとつ、搾ったオリーブ滓を和牛の餌として再利用、また牛糞堆肥をオリーブ畑に施肥し、オリーブ滓を使った循環農法を取り入れるオリーブ牛酪農家との繋がりを大切にしています。

販売網は人の輪でひろがった

自分のオリーブ畑で栽培し収穫して出来上がった初めてのエキストラバージンオリーブオイル。その完成に喜びを感じたものの、いざそのオリーブオイルを販売するのは実に苦労しました。

もともと食品業界での勤務経験も人脈もない中での営業活動は先が見えない状態でした。インターネット販売も行っていましたが、そう簡単に在庫がなくなるわけでもなく、最初の頃は、完売するのは翌シーズンのオリーブオイルができる直前。つまり一年かかってやっと売り切ったというわけです。

それが今では夏場には売り切れるようになりました。それというのもオリーブオイルソムリエ仲間のおかげです。小豆島のオリーブオイルに感動してくれた仲間がその知り合いの飲食店や雑誌記者に紹介してくれて、徐々にイズライフのオリーブオイルが認知されていきました。また島に住む友人たちが島外に住むその友人知人をオリーブ畑に連れてきて、僕に紹介してくれるようになったことも大きかったです。みなさんイズライフのオリーブオイルの出来上がりを楽しみに待っていてくれたり、オリーブ収穫の手伝いにきたり、と一つの輪がいつのまにか、口コミで二重三重の輪に広がっていったのだと思います。

堤祐也（つつみ・ゆうや）
一九七四年生まれ。大阪生まれの大阪育ち。小豆島移住後、二〇〇六年からオリーブ事業にたずさわる。株式会社イズライフ代表取締役。islife-olive.com

島の普通のおいしさ

大塚智穂

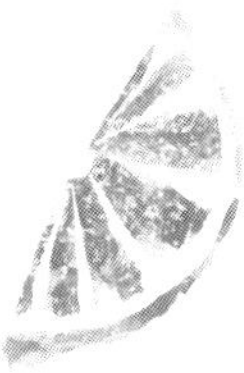

畑にハマル

二〇一二年五月、愛知県から小豆島へ引越した。運良く庭付きの平屋を借りることができたので、雑草が伸び放題となっていた庭を畑へと開墾した。

予想外なことに、夫が畑にどハマリ、手帳には植え付けスケジュールがミッチリ書き込まれた。大量の種を買い込み、育苗から植え付け、夜中に割り箸を持ち出しては害虫退治にまで精を出し、とにかく野菜たちを溺愛した。トマト、キュウリ、ナス、ネギ、ニンニク、唐辛子にハーブ類など。想いは通じるもので、ちょっとした家庭菜園になった。収穫したもぎたての野菜を食卓へ。新鮮なうえに思い入れがあるので、極力シンプルな食べ方をしたい。

例えばトマト。

・もぎたてトマトを冷やしてスライス。蒲さんの御塩をパラリとふり、小豆島産のオリーブオイルをぐるりとまわしかければ立派な前菜。

・さいの目に切ったトマトにみじん切り玉ねぎ、イタリアンパセリ、御塩とレモンとオリーブオイルを。スライスしたパンにのせれば、お手軽ブルスケッタ。

・冷たい氷水でキリッと締めたそうめんにざく切りトマト、ネギとかつお節をたっぷりのせて、めんつゆをかける。オススメは、途中からグリーンレモンオリーブオイルを二、三滴。

小豆島は、醤油、佃煮、そうめん、オリーブオイルや米に野菜、瀬戸内海の海の幸と、たくさんの食材に恵まれている。小豆島へ移り住むキッカケの一つは、料理好きな私が豊かな食材に囲まれて、思う存分楽しんで生活できるのではということだったが、まさにそのとおり。食品製造工程を見学させてもらったり、生産者から直接買わせてもらったりと、島での食生活は本当に贅沢だと思う。

なんて素敵、食べ助け

小豆島には「キュウリがようけ（たくさん）採れたから、食べ助けして」「魚を貰ったけど二人じゃ食べきらんし。食べ助けして」といった言葉がある。

私は小豆島に住むと決めてから、田舎暮らし＝手作りスキルを上げることを自分に課した。味噌から始まり、梅干し、果実酒、島の果物で酵母をおこしてパンを焼いたり、お菓子を作ったりと、少しずつではあるができることを増やしていった。そして、大量に作ったパンやお菓子は当然食べきれる量ではなく、ご近所さんにもっていったり、島でできた友人に配って回った。お世辞でも「美味しい」と褒めてくれるので、さらに調子に乗って焼き散らかし、いろんな人に配って回っていた。するとある日、玄関先に見覚えのない大きな袋が置いてあり、中を覗くと大量の野菜や果物が入っていた。それからというもの、私が作ったパンやお菓子が姿を変えて返ってくるようになった。

ある日は、畑に大根がたくさん植わっているから、好きなだけ持っていって！　食べ助け！　とビニール袋を渡してくれた。すると、別の家からも大根が届きだしたので、大量の切り干し大根を作った。夏になるとトマトやキュウリはどこの家でも育てていて、おまけによく採れる。収穫のタイミングがみな同じなので、それはそれは大量にやって来る。キュウリは全部お漬物にしては配りまくる。またある日は「魚をたくさん貰った、いるか？」と電話が来た。初めて見たその魚は、おっかない顔をしていて、それはそれは大きかったので若干後悔したが、捌き方を調べて塩麹に漬けて焼いたらめちゃくちゃ美味かった。太刀魚という魚だった。冬のある日は「みかんがたくさん実った」と連

小豆島あちこちダイアリー　10

2015年2月22日
「黒いおでん」（福田）
福田港のそばの木原食堂のおでんは黒い。
明るいうちから地元の人が酒盛りをしていた。

絡があったので、手伝いに行くと、帰りにはコンテナいっぱいのみかんを積んで帰ることになった。こんな具合で、「食べ助け」によっていろいろな食べ物が行き来する我が家である。

食べ切れない分は他の人にも食べてもらったらいい、という「食べ助け」は台所から生まれたシェア精神だ。本当に素晴らしい言葉で、是非とも日本中で広まってほしい。

おすすめスーパーの使い方

小豆島には小豆島町と土庄町の二つの町がある。それぞれにスーパーマーケットがあり、生活必需品など大抵の物はそこで揃ってしまう。もし島で買えないものがあれば、インターネットを使ってポチリ。通常、翌日には到着するので、ほとんど不便は感じない。

島の中にはさまざまな集落があって、その中の一つ、肥土山は、農村歌舞伎舞台が現存している山に囲まれた古くからの農村地域。そこに「岡田屋」という小さな商店がある。コンパクトな店内には、かゆいところに手が届くような商品が並んでいる。生鮮食料品はもちろん、お酒、お菓子、美味しそうな手作りのお惣菜が幾種類も並ぶ。生活雑貨もひととおり置いているし、イベントの多い島だからか、行楽用品が充実しているのが面白い。

我が家は島の中でも比較的便利なところに住んでいるので、近所のスーパーマーケットで全て揃うが、わざわざ岡田屋さんに通って買っているものがある。魚は、なんといっても安くて新鮮! お皿を預けて予算を伝えれば、立派なお刺身盛り合わせがテーブルにならぶ。おカシラ付きの魚も、下処理までぜんぶ済ませてくれているので本当にありがたいお店。なので、来客がある時や、今日は魚だ! という気分の時は、二〇分ほど車を走らせて岡田屋へ。島の外から来た人は、お惣菜をいろいろ買って、景色のいいところを見つけて食べる、なんて楽しみ方もいいんじゃないかな。

市場がほしい・産直のこと

島へ移り住んですぐ、池田港の目の前に産直(小豆ふれあい産直市場。以下産直)を見つけた。地元でとれた野菜や花が所狭しと並んでいて、見ているだけでも楽しく、毎日のように通ったのを覚えている。

産直では、野菜よりも花のほうが売れているんじゃないかと思うくらい、両手いっぱい、下手したら抱えきれないくらいの花をカゴに入れている人をよく見る。そんなにいる⁉ という量なので、初めて見る人は驚くかもしれない。少なからず私は驚いたが、理由を聞いて納得。どうやら、頻繁にお墓参りに行く人が多いらしい。ご先祖さまを大切にし、信仰が厚い島なんだな、というのをその時感じた。

島では四月と一二月の年二回、大師市が開かれる。大師というのは、弘法大師（空海）のことである。四国八十八ヶ所霊場のお遍路巡りと同じで、小豆島の中にも、お大師さんが修行されたとされる場がいくつもある。それらを含めた札所へのお遍路巡りがいまでも続いている。ということもあり、島で愛されているお大師さんにちなんだ大師市が、土庄町の西光寺の参道で開かれている。

よくある露店はもちろん、金物屋さんや饅頭屋さん、手作りの張り子や古本屋さんも来る。市の奥まで歩いて行くと、苗木を売っているエリアが続き、最後にもう一度饅頭屋さんがあっておしまいという、小さな市。とは言っても、結構な人出で、みんな手に手に苗や苗木を持っている。昔はもっと賑やかだったのかしら？もっともっとたくさんのお店が出て、賑やかになってほしいなぁと思ったり。自分も何かで出店したいなと思ったり。

島にある小さな商店や、昔賑わっていた商店街は、消えつつある。欲を言えば、商店街が復活したら楽しいだろうなと思うのだけれど、なかなか難しかったりするので、まずは小さくてもいいから「市」から。もっともっと賑やかになればいいな。ちなみに、うちの庭にある、レモンちゃん、ライムちゃん、ハルミちゃんの柑橘三姉妹は大師市で買った苗。レモンちゃんは昨年三個実をつけてくれた。今年はいくつ実をつけてくれるかな。

魚だって釣るぞ

スーパーマーケットへ買い物に行くと、地魚がパックに入って並んでいるコーナーがあった。どんな魚が並んでいるんだろうと目をやると、魚がいない皿がある。ふと足元に目をやると、ピチピチと跳ねていた。ラップを破って逃げ出していたのだ。

海に囲まれている小豆島には、釣りが好きで移住してきた人が結構いる。私が小豆島のお父さんとお母さんと呼んで慕っている内野さんも、お父さんの釣り好きが嵩じて大阪から移住されたご夫婦だ。

お父さんを釣り師匠と呼び、釣りのノウハウを教えてもらうことにした。私が使えそうな竿では、岸壁からせいぜい二〇メートルくらいしか飛ばないため、釣れる魚が限られてくるそうで、サビキという方法を教えてもらった。サビキ釣りは簡単な仕掛けを使った釣り方で、釣り糸にちいさな疑似餌バリが六つ。その下にあるちいさなカゴに撒き餌になる小エビを入れ、海へ投げる。疑似餌バリはセロハンで作られたキラキラしたハネで、それが光でキラッとすると、鯵や鰯は虫と勘違いしてぱくりと針に喰らいつくという寸法だ。

やり方を教えてもらい、何度か竿を振っていると、明らかな手応えがあった。水の中にある釣り糸の先は見えないけれど、何かがぐいぐいひっぱって、針から逃れようとしているのが分かる。リールを巻いているあいだもそれは続き、竿を持つ手に振動が伝わってくる。釣り糸が残り二、三メートルになると水面にキラキラっと光る魚影が見えた。さらに手繰り寄せると、一〇センチほどの小さな鯵だった。こんな小さな鯵が、あんなに力強く竿を引くことに驚いたと同時に、生まれて初めて鯵の命の重さを知った。その時、魚は「スーパーで買うもの」から「海で釣れるもの」に変わった。

大塚智穂（おおつか・ちほ）
一九七八年愛知県生まれ。実家が豆腐屋で子供の頃から食べ物に囲まれて育つ。二〇一二年移住。食職人。

四季折々の食材

蒲和美

身の回りにあるもので

島の半島の端っこの田浦に引越してきた五年前の二月、すき間風が吹き抜ける古屋のあまりの寒さに辟易しながら、家の修繕の手伝いに来てくれた友人と夫と三人で、毎夜小さなストーブを囲み、一杯ひっかけては暖をとっていました。

ある日、ほどよく体もぬくくなったので、散歩に出てみようと、誰が言うともなく言い出して、パジャマの上にダウンをひっかけ、酔っぱらい三人は家の前の浜に出て行きました。ちょうど干潮だったのか、月明かりがこうこうと明るく、ひょっとして大潮だったのか、眼を凝らしてみると、波止のコンクリートブロックになんとトコブシがビッシリとあるわあるわ。なぜかいつも用意周到な夫はドライバーを持っていて、それからは三人で喜び勇んで採りまくりました。持ち帰るのに袋もなにもないから、それぞれのパジャマのポケットにつめこめるだけつめこんで、寒さも忘れ大笑いしながら家への坂道を帰ったのでした。翌日、トコブシは佃煮やパスタにして美味しくいただきました。今となっては愉快な思い出のひとこまです。

三月に入ると、荒れた畑をスコップで耕し、種をまき苗を植えてはみたものの、なかなか思うようには育ちませんでした。私たちは畑初心者で、家の畑は鋤《すき》さえ入らないやせた土地、しかも島は雨が降らないときはとことん降らない！ 水道の蛇口から水が出るのが不思議になるほど降りません。畑がうまくできないでしょんぼりしていたのでしたが、あれ、これはノビル？　アサツキ？　ニラだ！　にょきにょきと勢いよく芽吹く雑草に気づいたのです。それからは野草の本片手に摘み草にかかりきりになりました。年々歳々食べ物の採集は広がっていきました。

畑、野、海からのいただきもので四季は巡ります

春

ワカメ、ひじき。どちらも生でいただくのが一番美味しいのですが、たくさん採って下洗いしてから干して、乾物にします。よもぎ、嫁菜、つくし、わらび、ふきのとう、ノビル、アサツキ、イタドリ、たけのこ（最近は猪と取り合い）、春の天ぷらには、びわの新芽、柿の新芽、お茶の新芽、たらの芽、アブラナ科のつぼみや花たち。野いちごは貴重な春の果物。

夏

てんぐさ（ところてんにする）、みつば、ニラ、ふき、破竹《はちく》、しそやエゴマの葉、みょうが。夏の果物は豊富です。梅、びわ、すもも。生でいただき残りは保存食にするのは言うまでもありません。

秋

新米、しその実、しいたけ、いちじく、柿、栗。

冬

びわの葉（お茶やびわの葉エキスに）、ミカンいろいろ。

果物はお借りしている家の大家さんが植えた木々の恩恵です。ミカンはいろいろあって、品種が分からずその場で味見して食べ時を探っていました。最近になってようやく何のミカンか分かるようになりました。完熟のスイートスプリングは甘く美味です。

畑のものは、ダイコン、ニンジン、トマト、キュウリ、葉もの、ジャガイモ、タマネギをひととおり作っ

てます。買わないのが自給の秘訣。身の回りにあるもので食べる工夫をしてます。

端境期は何にもなかったり、採れるときは一気に大量にあったりですが、そのぶん旬の美味しさと自然の恵みのありがたさは身にしみます。

たくさんあると冷凍したり、保存食をあれこれ作るけど、結局旬のものをからだも心も欲するし、冷凍してもさほど使わずに次のシーズンまで残っていたりします。やはり旬のものがいちばんです。はじめ畑に植えたルッコラ、菊菜、香菜、赤じそ、青じそ、エゴマ、ホーリーバジルは自生するようになりました。野の草はこぼれ種で毎年元気に生えてきて、実に生命力が強いです。

家には鶏小屋があり、卵はそこからいただき、ときには一羽しめたりします。畑のなかほどにみつばちの巣箱を設置してます。これはなかなか収穫までいきませんが、みつばちの訪れを気長に待ちます。

夫の作る米はさほど多くはないのですが、我が家の一年分と島の友人が買い上げてくれるだけの分量はあります。収穫した米の米糠は畑に入れたり鶏にもやりますが、もったいないので糠床、ふりかけ、ケーキやクッキーの生地に混ぜるなどして使ってます。

移住して五年、毎年新たな発見が、山から海から畑からあります。雑誌のインタビューを受けるときなど、自給自足を目指しているように書かれるのですが、そんなに大げさなことではなくて、幸い畑があり、海は近い、果樹があり、おまけに夫が猟師&百姓でもあり、米から魚介から猪肉まで手に入る環境なのです。

蒲和美（かば・かずみ）
一九七〇年京都府生まれ。二〇一〇年に小豆島に移住。小豆島の海水で作る塩屋「波花堂」を夫と経営。

おわりに

小豆島で考えたこと

平野公子

小豆島に来てくださるみなさんから、島の人たちのことをもっと知りたいという声をきます。旅人やこれから移住を考えている人でも、通り一遍の島巡りではなかなか出会えない普通の生活者たち、若い人たちがどんな暮しをしているのか、どんなきっかけで、移住したり、Uターンしてきたのか知りたいと。それにお答えできるのかどうかは本書を読んでくださるみなさんにお任せするとして、編者の私から島に移り住んで二年間で考えたことを島に馴染みきってしまうまえに、とりいそぎ書いておこうと思います。

気候は想像以上に温暖です。もしかしたらあと五〇年もすれば亜熱帯になるのではないかと心配するほどです。ただし昼間の暖から夜の寒の差は大きい。微妙に変化してきている気温の上昇は素人考えでも、今まで島になかった作物が育つのではないか、と思うのです。それと島には、収穫された果実類が出荷もされずそのままなのも気になっています。もったいない!

何か知恵はないものか、考えるよりまず行動、私はさっそくグリーンハンドの若者たちとささやかな実験をはじめました。エッ、そんな樹が島で育つかな、無理ですよ! の声もありますが、とりあえずやってみる、の行動力がそれを上回ります。いつの日かオリーブに代わる樹々の群生と、たくさんの果実の活用が実現するのではないかと夢みています。

さて、東京が江戸になってからの数百年に比べ、瀬戸内海の群島の歴史は古事記に記載がみられるほど幾千年の時を経ています。歴史をひもとくと塩飽《しあく》諸島一帯には、海賊から水軍へのじつに勇壮な物語が大展開していたのでした。戦国時代、水軍は武将に上りつめ、時の覇者信長、秀吉、家康のいずれにも組みし、かつ独自の存在を維持してきたのは、広大な領土をもたずとも、海路を生かす操船、造船に長けた技術者集団であったからではと想像されます。海を制するもの何ものにも屈せずでしょうか。それは島に暮らしてみてときどき感じる、良きにつけ悪しきにつけ、いまだにただよっている「海の人」の誇りある気風でしょうか。こうして小豆島にも厚いのか薄いのか定かではないのですが、外から来たものにとって、あちこちに壁ではなくて硝子戸くらいの戸はたっているのです。

　私から島へのささやかな望みを、イヤどこの地方や地域にもですが、ひとつもうしあげると、なにかやろうとする「若者」というかけがえのない人材を、チャレンジも失敗も包み込んで大切にして欲しいということです。地方再生の鍵など、つまりこれにつきると思うのです。

　そして若者たちにも、硝子戸を壊さず静かに開け閉めできるのはあなたたちです、ということも進言したいのです。

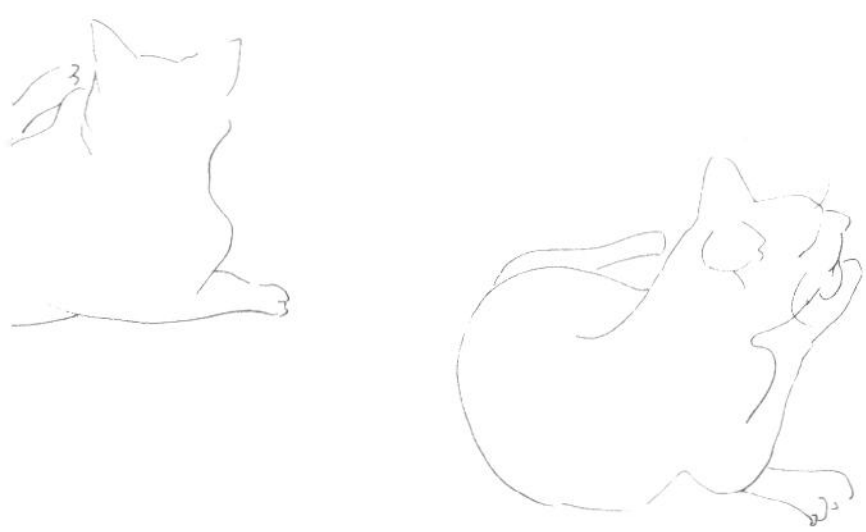

祝 六十周年

小豆島あちこちダイアリー　11

2015年10月4日　「太鼓まつり」（土庄）
土庄町合併60周年記念のおまつりの様子。

ふろく
小豆島の食
part 1

ふろく編集・坊野美絵（ぼうの・みえ）
1987年8月18日生まれ。大阪出身。
2013年小豆島に移住。現在は旅館総務。

小豆島に住んでいる私たちのおすすめのお食事どころやお泊まりどころをご紹介します。

●坂手・苗羽《のうま》・馬木・安田

小豆島と神戸を結ぶ坂手港がある坂手地区。関西との交易の玄関となったこの地域には赤穂から醤油づくりの技術が入ってきたこと、塩田があったこと、九州から小麦が入ってきたことがあり苗羽・馬木・安田は400年以上醤油づくりが盛んな地域。醤油蔵の並ぶ通りは歩いているだけで醤油の香りが漂ってくる。

1［大阪屋］

坂手港からすぐの漁師が集いそうな大衆食堂。ボリューム満点。珍味の亀の手や、どんぶりからはみ出すサイズのあなご丼などが有名。
●小豆島町坂手甲171-29
☎ 0879-82-2219

2［島宿真里］

小豆島のもろみを主役にお料理が楽しめる宿。瀬戸内海の新鮮なお魚と畑のお野菜を、こだわりのお醤油4種で味わえる。
●小豆島町苗羽甲2011
☎ 0879-82-0086
www.mari.co.jp

3［森國酒造 CAFE & BAR］

酒粕を使った粕汁やグラタン、パスタなど。
●小豆島町馬木甲1010-1
☎ 0879-61-2077
www.morikuni.jp

［森國ベーカリー］

酒米の米粉を使ったコッペパン屋さん。
●小豆島町馬木甲1010-1
☎ 0879-62-9737
www.morikuni.jp

4［なかぶ庵］

もちもちの生そうめんが食べられる。
●小豆島町安田甲1385
☎ 0879-82-3669
www.shodoshima-nakabuan.co.jp

5［キッチンくいしんぼ］

人懐っこいおっちゃんとおばちゃんが名物の居酒屋。島の人がよく集まる。友達の家におじゃましたような気分になる個室は居心地がよくてついつい飲み過ぎてしまう。
●小豆島町片城甲44-261
☎ 0879-82-3939

6［瀬戸よ志］
1階はお土産処で、2階はイートインスペース。リーズナブルに、そうめんやうどん、ひしお丼、定食を味わえる。
●小豆島町安田甲 144-80
☎ 0879-82-0236
www.yasudanotukudani.co.jp

7［道草］
島民に人気の焼肉屋さん。ラーメンが密かに人気。
●小豆島町安田甲 144-180
☎ 0879-82-1006

●草壁・西村
内海湾に面する地域。急勾配の坂道が多い小豆島でも、この地域は平坦な道がつづき、サイクリングスポットとしても最適。草壁港からは高松へ向かうフェリーが出ている。

8［三太郎］
草壁港すぐそばのうどん屋。天おろしうどんが人気。
●小豆島町草壁本町字松山 1053
☎ 0879-82-4719
3taro.com

9［RISTORANTE FURYU］
草壁港にほど近い、小高い丘にある山小屋風の佇まいの、島の食材を使ったイタリアンを味わえるレストラン。オリーブや柑橘、魚介など小豆島はイタリアンにはうってつけの場所。
●小豆島町草壁本町 872-2
☎ 0879-82-2707
furyu.co

10［MUMU］
穏やかな内海湾を目の前にたたずむカフェ。ワッフルが食べられる。
●小豆島町西村甲 1078-1
☎ 0879-82-5639

11［カレー・プラージュ］
オリーブビーチの目の前の本格派スパイスカレーが味わえるお店。
●小豆島町西村甲 1883-1
☎ 0879-82-1243
www.facebook.com/curryplage

12［Dutch Café Cupid & Cotton］
世界を旅している中で小豆島を気に入り移住した夫婦が営むオランダ風カフェ。カフェはオランダ風車のかたちをしている。亡くなった旦那さんが独学で建てたのだとか。もっちりとしたパンケーキとダッチコーヒーを楽しめる。
●小豆島町西村乙 1765-7
☎ 0879-82-4616
www.facebook.com/dutchcafe

13［オリヴァス（小豆島オリーブ公園内レストラン）］
●小豆島町西村甲 1941-1
☎ 0879-82-2200
www.olive-pk.jp

14［創作料理 野の花］
小鉢でたくさんの味を楽しめる野の花弁当。
野菜と魚を中心としたひしお丼。植物に囲まれ、木漏れ日が心地いいお食事処。
●小豆島町室生 892-1
☎ 0879-75-2424
nonokanet.jp

●中山・肥土山《ひとやま》
昔ながらの農村風景が残る地域。中山・肥土山それぞれに300年以上前からつづく農村歌舞伎舞台が残っている。初夏は蛍を見られる。湯舟山には湧き水も出て、地元の人が水汲みに利用する。

15［こまめ食堂］
中山の棚田米のおにぎりや、オリーブ牛のハンバーガー、そうめんなどが食べられる。テラス席では棚田を眺めながら食べられておすすめ。

テイクアウトに季節の島の果実を使ったマフィンも並ぶ。
●小豆島町中山 1512-2
☎ 0879-75-0806
www.dreamisland.cc

16［HOMEMAKERS］
小豆島の里山、肥土山に暮らす家族の農家カフェ。平日は農家であり、週末の金、土曜日はカフェを営んでいる。色とりどりの個性的な野菜のサラダは美しく、これだけでメインディッシュのよう。ご主人こだわりのスパイスカレーは絶品。古民家や畑がつづく里山の景色を眺めながら、ゆっくり過ごせる場所。
●土庄町肥土山甲 466-1
☎ 0879-62-2727
homemakers.jp

ふろく
小豆島の食
part 2

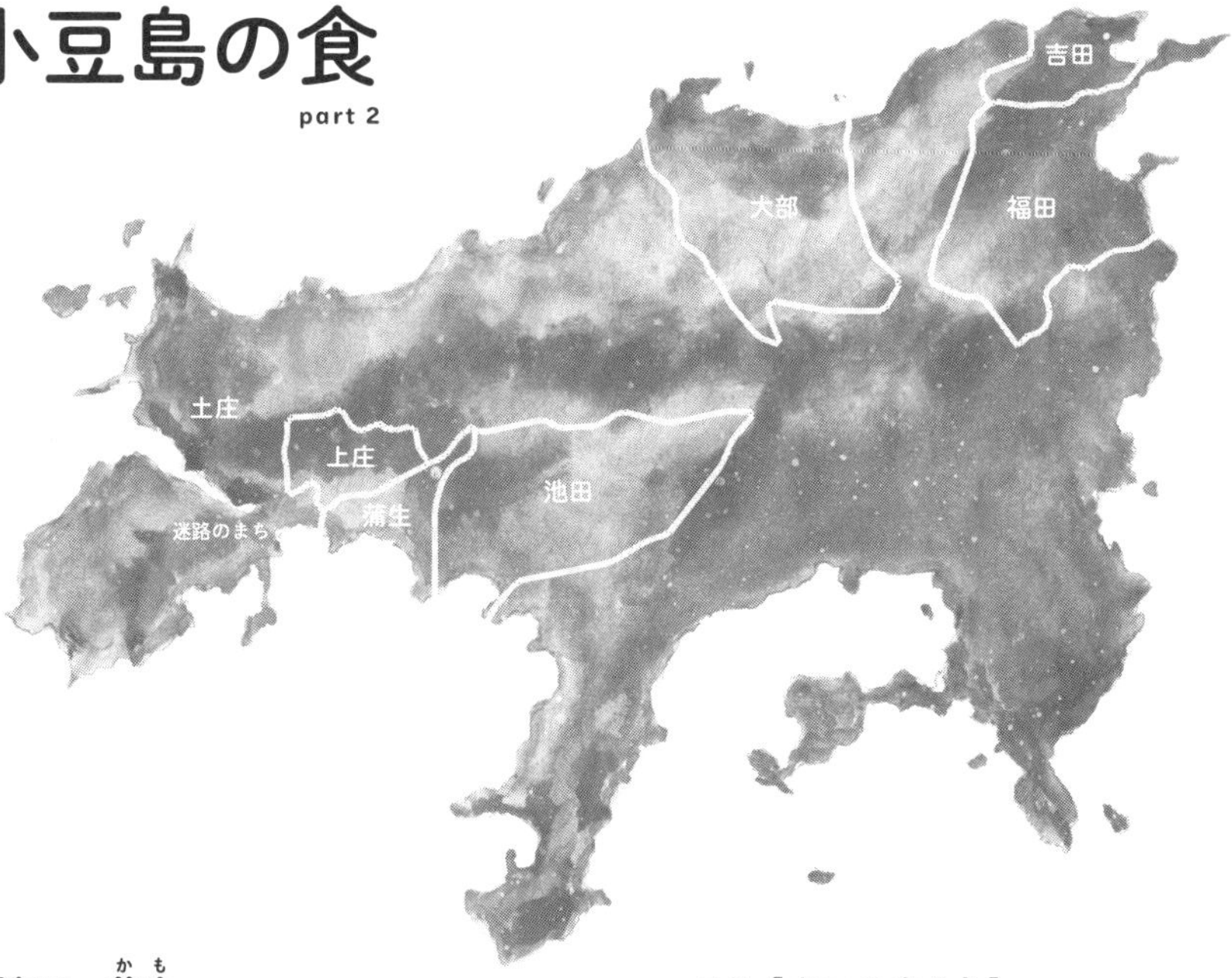

●池田・蒲生《かも》

そうめんの製麺所が集まる地区。電照菊の栽培も盛んで、夜はビニールハウスがライトアップし、とても美しい。

17［小豆島手延べそうめん作兵衛］

製麺所が営むワンコインから食べられるそうめん屋。

メニューはシンプルにそうめんのみ。
●小豆島町池田 3936
☎ 0120-62-5334
sakube.co.jp

18［カフェ忠左衛門］

井上誠耕園が営むカフェ。テラス席は、みかん畑とオリーブ畑に囲まれた景色を楽しめておすすめ。

井上誠耕園のオリーブオイルと島の食材を使ったお料理が食べられる。オリーブオイルで焼いた野菜がのったひしお丼がおいしい。

夜のコースは6名以上で要予約。
●小豆島町池田 2267-5（井上誠耕園内）
☎ 0879-75-0282
www.inoueseikoen.co.jp/cafe

19［タコのまくら］

池田の桟敷の近くにある、自然派カフェ。
エコツアーなどを行う自然舎が営む。
タコ・タコライスや少しずついろんなおかずが味わえる野菜たっぷりのお料理など、
体にやさしいランチを楽しめます。
●小豆島町池田 1336
☎ 0879-62-9511
takomaku.red

20［喫茶ふるさと村］

道の駅小豆島ふるさと村内にある喫茶店。
Free Wi-Fiスポット。
●小豆島町室生 2084-1
☎ 0879-75-2266
www.shodoshima.jp

21［ポンカフェ］

日替わりの定食や、ナポリタンを楽しめるどこか懐かしい雰囲気のあるカフェ。昼間はカフェ、
夕方からは塾にかわり、こどもたちがやってくる寺子屋カフェ。
●小豆島町蒲生甲 1417-2
☎ 080-6285-4595
www.facebook.com/poncafe459

●土庄《とのしょう》・上庄・迷路のまち

小豆島では商業の町。「迷路のまち」は土庄町中心部にあり、かつて海賊や雨風から島民を守るため複雑に造られた迷路のような路地がある。尾崎放哉が最期の時を過ごした場所としても有名。

22［BARU TINA］
島の食材を使ったパスタやスパニッシュ料理を
味わえる店。夜は BAR 営業している。
●土庄町渕崎甲 2134-3
☎ 0879-62-0890

23［OASIS］
焼きたての窯焼きピザが食べられる。
●土庄町上庄 1953-7
☎ 0879-62-2495
olive-oasis.com

24［日本料理　島活］
島の食材を使う割烹。ランチは1300円から
食べられる。
●土庄町甲 267
☎ 0879-62-3323

25［なぎさ］
島の魚介類が楽しめる居酒屋。島の人がよく集う。
●土庄町甲 2155-6
☎ 0879-62-4637

26［錦華］
中国人のオーナーが営む本格派中華。
辛くておいしい台湾ラーメンが人気。
●土庄町甲 1360-71
☎ 0879-62-6707

27［焼肉大神］
かわいいおばちゃんに会える。
●土庄町甲 1360-24
☎ 0879-64-6075

28［セトノウチ　島メシ家］
小豆島や瀬戸内の野菜や海産物を活かした
デリスタイルのごはん屋さん。カレーや
そうめんもあります。2016年3月、グランドオープン！
●土庄町甲 398
☎ 0879-62-8500
meipam.net

●大部・吉田・福田

小豆島の北側に位置する石の産地。石の削られた岩肌が続く道は西武劇に出てきそうな風景。

30［喫茶サンワ］
大部港にある昔ながらの喫茶店。鉄板で出てくる
イタリアン（ナポリタン）は懐かしくて人気。
島の伝説のフリーペーパー「ピープル」の
バックナンバーが揃う。
●土庄町大部港 3246-32
☎ 0879-67-2201

31［木原食堂］
福田港のすぐそばにある大衆食堂。600円くらいで
定食が食べられる。黒いおでんが有名。
●小豆島町福田甲 118-1
☎ 0879-84-2801

32［梅本水産］
福田港にある、フェリーから降りてすぐの食堂。
あなご弁当が有名。
●小豆島町福田甲 1196-54
☎ 0879-84-3383
umemoto-suisan.jp

ふろく
小豆島の宿

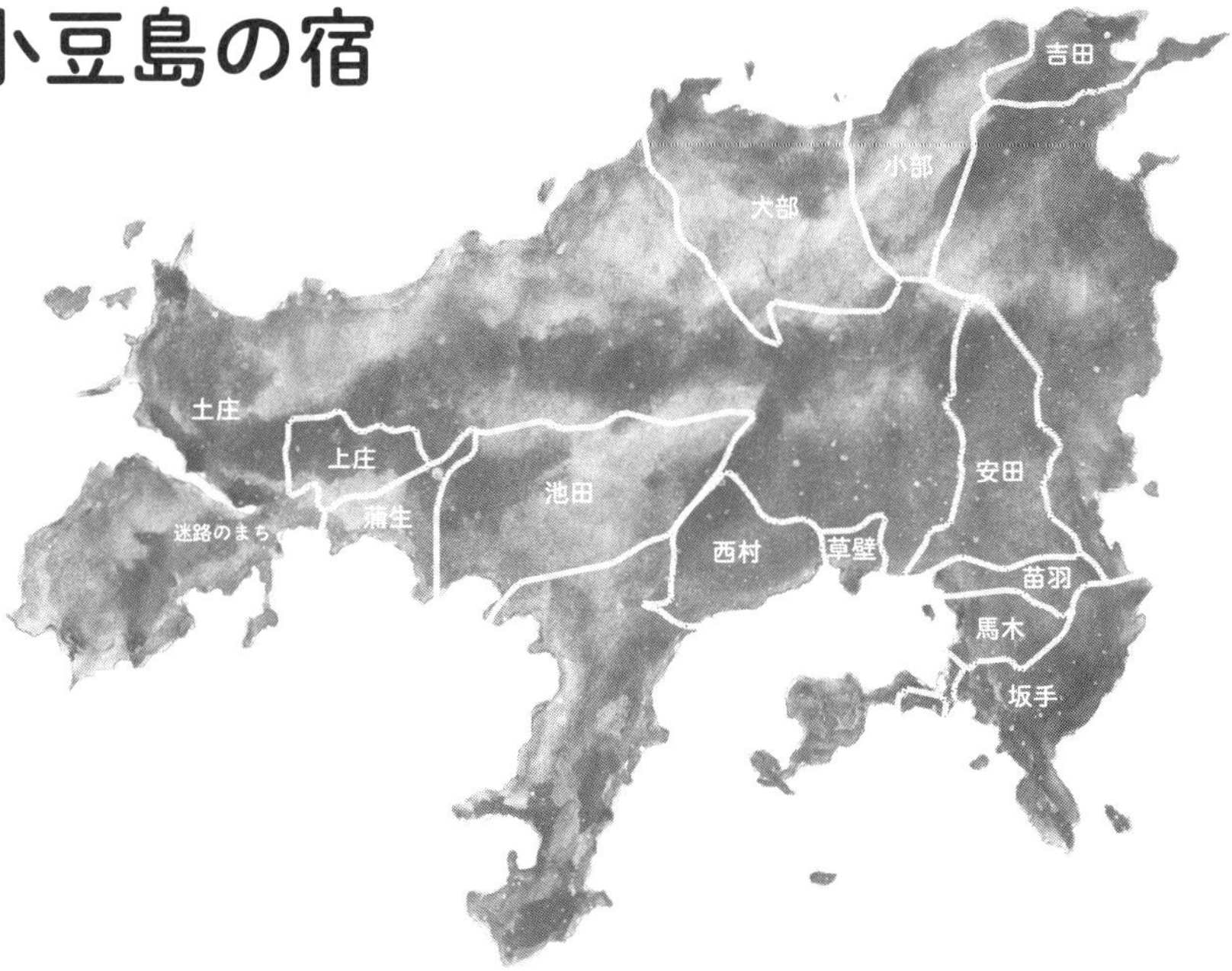

●坂手・苗羽・馬木・安田

1［ベイリゾートホテル小豆島］
瀬戸内海を眺めながら浸かれる温泉がおすすめ。
●小豆島町古江乙 16-3
☎ 0879-82-5000

2［島宿真里］
醤の郷にたたずむ“ひしおでもてなす”をコンセプトにしたお宿。調度品には醤油の木桶や小豆島の海岸で拾い集めた流木を使った工夫もある。醤油会席では島で採れた野菜やお魚を 4 種の醤油で味わう楽しみあり。
●小豆島町苗羽醤油蔵通り
☎ 0879-82-0086

3［千鳥］
醤の郷に佇むアットホームな宿。
●小豆島町馬木甲 863-2
☎ 0879-82-0229

4［たるや］
お遍路宿。
●小豆島町馬木甲 881-2
☎ 0879-82-2241

5［ひろきや旅館］
お遍路宿。
●小豆島町安田甲 1395
☎ 0879-82-0137

●草壁・西村

6［小豆島オリーブユースホステル］
穏やかな内海湾に面するユースホステル。共有スペースでは海を眺めながら自由にコーヒーを飲んだりのんびり過ごせる。
●小豆島町西村甲 1072
☎ 0879-82-6161

7［オリベックスうちのみ］
小豆島オリーブ公園内にあるペンション。自炊できるキッチンあり。
●小豆島町西村甲 1941-1
☎ 0879-82-220□（夜間 0879-82-0200）

8［バァンキャトル・ウ］
スタジオ付きペンション。音楽合宿に最適。
●小豆島町西村乙 1825-1
☎ 0879-82-5540

●池田・蒲生

9［国民宿舎小豆島］
きれいな夕陽が見られる。屋上では地元の方がボランティアで行う星空観察会もあり。
●小豆島町池田 1500-4
☎ 0879-75-1115

10［ふるさと荘］
会議室あり。
●小豆島町室生 2084-1
☎ 0879-75-1115

11［小豆島ふるさと村ファミリーロッジ］
グループで宿泊するときにおすすめ。
●小豆島町室生 2084-1
☎ 0879-75-1115

●土庄《とのしょう》・上庄・迷路のまち

12［民宿オアシス］
夕食は 1 階のカフェで美味しい窯焼きピザやパスタが食べられる民宿。
●土庄町上庄 1953-7
☎ 0879-62-2495

13［小豆島国際ホテル］
エンジェルロードのすぐそば。
●土庄町甲 24-67
☎ 0879-62-2111

14［小豆島グランドホテル水明］
お料理が美味しいと評判のお宿。
●土庄町甲 1171-6
☎ 0879-62-1177

15［天空ホテル海廬］
小高い丘にあるホテルからエンジェルロードが眺められる。
●土庄町甲 1135 番地
☎ 0879-62-1430

16［小豆島シーサイドホテル松風］
アットホームで料理が美味しいと評判。
●土庄町甲 1481-1
☎ 0879-62-0848

17［ビーチサイドホテル鹿島荘］
鹿島海水浴場のすぐそば。
●土庄町甲 1656-1
☎ 0879-62-0492

18［カントリーイン ザ ホワイトマリーン］
こだわりの素材を使ったイタリア料理が評判。
●土庄町甲 1466-1
☎ 0879-62-5040

19［オーキドホテル］
日帰り温泉もある。
●土庄町甲 5165-216
☎ 0879-62-5001、0120-02-3940（宿泊・食事）

20［リゾートホテルオリビアン小豆島］
夕陽が美しく見えるホテル。
●土庄町屋形崎甲 63-1
☎ 0879-65-2311

21［旭屋旅館］
土庄港からすぐのお遍路宿。貸切バスあり。
●土庄町甲 6190-6
☎ 0879-62-0162

22［チェレステ小豆島］
高台から瀬戸内海の絶景を眺められる。
●土庄町甲 1462
☎ 0879-62-5015

23［ホテルグリーンプラザ小豆島］
夕陽がきれいに見えるホテル。
●土庄町伊喜末 2464
☎ 0879-62-2201

24［ビジネス民宿マルセ］
リーズナブルで食事も美味しいと評判。
●土庄町甲 5978
☎ 0879-62-4620

25［ビジネス民宿マルセ新館］
マルセの新館。
●土庄町甲 5165−293
☎ 0879-62-2385

●小部・大部・吉田

26［はまや］
体育館があるので合宿にも向いている。
●土庄町小部 293−1
☎ 0879-67-2101

27［ひさや］
大部港から徒歩 1 分のビジネスホテル。
●土庄町大部甲 3206−2
☎ 0879-67-2151

著者について

平野公子（ひらの・きみこ）

一九四五年、東京神田生まれ。メディア・プロデューサー

『チョコレートの本』『世界のお茶 ふだんのお茶』『ベジタブル・オイルの本』『モノ誕生「いまの生活」』（いずれも晶文社）ほかにも編集企画に携わる。二〇〇五年から一二年まで小劇場シアターイワトの企画運営。一四年、小豆島に移住。現在、小豆島町文化振興アドバイザー。

島民のみなさん

淺野卓夫、井上彩、内澤旬子、浦中ひとみ、大塚一歩、大塚智穂、大林慈空、オビカカズミ、蒲和美、蒲 敏樹、黒島慶子、堤 祐也、長田 穣、坊野美絵、真砂 淳、向井達也、柳生照美、山本貴道

おいでよ、小豆島《しょうどしま》。

二〇一六年二月五日初版

著者　平野公子と島民のみなさん
発行者　株式会社晶文社
東京都千代田区神田神保町一―一一
電話　（〇三）三五一八―四九四〇（代表）・四九四二（編集）
URL http://www.shobunsha.co.jp
印刷・製本　中央精版印刷株式会社

ISBN978-4-7949-6918-7　Printed in Japan